me ama!

Un regalo para:

....

de:

....

el día:

....

¡Dios me ama!

Un libro de promesas
de la Biblia para niñas

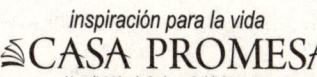

inspiración para la vida
CASA PROMESA
Una división de Barbour Publishing, Inc.

© 2015 por Casa Promesa

Impreso ISBN 978-1-63409-217-3

Ediciones eBook:
Edición Adobe Digital (.epub) 978-1-63409-555-6
Edición Kindle y MobiPocket (.prc) 978-1-63409-556-3

Reservados todos los derechos. Prohibido reproducir o transmitir parte alguna de esta publicación con propósitos comerciales, excepto breves citas en revistas impresas, sin el permiso escrito del editor.

Las iglesias y otros intereses no comerciales pueden reproducir porciones de este libro sin el permiso escrito de Barbour Publishing, siempre que el texto no exceda las quinientas palabras o el cinco por ciento de la totalidad del libro, lo que sea más breve, y que el texto no sea material citado por otro editor. Cuando se reproduzca texto de este libro, incluir la siguiente línea de crédito: «Tomado de *¡Dios me ama!: Un libro de promesas de la Biblia para niñas*, publicado por Casa Promesa. Usado con permiso».

Las citas de las Escrituras marcadas con RVR1960 están tomadas de La Santa Biblia versión Reina Valera 1960, Copyright © 1960 de American Bible Society. Usadas con permiso.

Las citas de las Escrituras marcadas con NIV están tomadas de la Santa Biblia, Nueva Versión Internacional® NVI® Copyright © 1999 by Bíblica, Inc.® Usadas con permiso. Reservados todos los derechos.

Las citas de las Escrituras marcadas con NTV ha sido tomado de la Santa Biblia, Nueva Traducción Viviente, © Tyndale House Foundation, 2010. Usadas con permiso de Tyndale House Publishers.

Las citas bíblicas marcadas con LBLA están tomadas de LA BIBLIA DE LAS AMÉRICAS © Copyright 1986, 1995, 1997 por The Lockman Foundation. Usadas con permiso.

Las citas bíblicas indicadas con NBLH están tomadas de la NUEVA BIBLIA LATINOAMERICANA DE HOY © 2005 by The Lockman Foundation, La Habra, California. Usadas con permiso.

Las citas bíblicas marcadas con BLPH están tomadas de la Santa Biblia versión La Palabra (Hispanoamérica) © 2010 Texto y Edición, Sociedad Bíblica de España. Usadas con permiso.

Las citas bíblicas marcadas con PDT están tomadas de la Santa Biblia versión Palabra de Dios para Todos © 2005, 2008, 2012 Centro Mundial de Traducción de La Biblia © 2005, 2008, 2012 World Bible Translation Center.

Las citas bíblicas marcadas con DHH están tomadas de la Santa Biblia versión Dios Habla Hoy®, © Sociedades Bíblicas Unidas, 1966, 1970, 1979, 1983, 1996. Usadas con permiso.

Las citas bíblicas marcadas con NBD están tomadas de la Santa Biblia versión Nueva Biblia al Día (The New Libing Bible, Spanish) Copyright © 2006, 2008 por Bíblica, Inc.®. Usadas con permiso. Reservados todos los derechos a nivel mundial.

Las citas bíblicas indicadas con MSG están tomadas de la Santa Biblia, versión The Message se han traducido literalmente por no haber en español una versión parecida, y también algunos versículos marcados con CEV, por el mismo motivo.

Dr., Carol Stream, IL 60188, Estados Unidos de América. Todos los derechos reservados.

Desarrollo editorial: *Semantics, Inc.* P.O. Box 290186, Nashville, TN 37229. semantics01@comcast.net

Publicado por Casa Promesa, P. O. Box 719, Uhrichsville, Ohio 44683, www.casapromesa.com

Nuestra misión es publicar y distribuir productos inspiradores que ofrecen valor excepcional y estímulo bíblico a las masas.

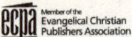

Impreso en los Estados Unidos de América
05155 0715 BP

Contenido

Introducción 7
Dios me consuela 9
Dios me perdona 19
Dios me da valentía 27
Dios me da todo lo que necesito 37
Dios me da esperanza 45
Dios me da gozo 55
Dios me da fuerza 63
Dios tiene un plan para mí 73
Dios me escucha 81
Dios está siempre conmigo 91
Dios cumple sus promesas 99
Dios me conoce 109
Dios me ama 117
Dios me hizo 127
Dios me ofrece vida eterna 135
Dios me protege 145
Dios piensa que soy hermosa 153
Dios me comprende 163
Dios quiere que haga lo correcto 171
Dios quiere que lea su Palabra 181

Introducción

El mundo está lleno de mensajes contradictorios sobre las cuestiones más importantes de la vida. ¿Qué significa perdonar de verdad? ¿Piensa Dios de veras que soy Hermosa? ¿Es posible tener gozo aun en los tiempos difíciles? ¿Escucha Dios siempre que oro? ¿Tiene un plan para mi vida?

En su bondad, Dios ha contestado todas estas preguntas —y muchas más— en su Palabra, la Biblia. Tengas lo que tengas en mente... cualquiera que sea tu necesidad... en las Escrituras *siempre* puedes encontrar respuestas y dirección para tu vida.

Esta colección de versículos bíblicos constituye una referencia fácil de manejar cuando necesitas respuestas sobre la vida. En estas páginas encontrarás versículos seleccionados con esmero que tratan asuntos como el consuelo, la fuerza, la esperanza, las promesas de Dios, el gozo, la oración y la comprensión, una forma nueva de refrescar tu corazón con recordatorios regulares del amor de Dios para ti.

Dios me consuela

Amado Dios, a veces me siento abrumada y desalentada cuando atravieso un tiempo difícil en mi vida. Hallo consuelo al saber que siempre estás conmigo guiándome, tranquilizándome y alentándome. Ayúdame a recordar que es a ti a quien debería acudir para hallar Consuelo. Otros vienen y van, pero tu amor y tu apoyo nunca oscilan ni se apartarán nunca de mí. Amén.

Cristo los aliente y su amor los consuele. El Espíritu
de Dios los une y ustedes se preocupan de los demás.

FILIPENSES 2.1 CEV [TRADUCCIÓN LITERAL]

Aun si voy por valles tenebrosos, no temo peligro
alguno porque tú estás a mi lado; tu vara de pastor me
reconforta.

SALMOS 23.4 NVI

Recuerda la promesa que me hiciste; es mi única
esperanza. Tu promesa renueva mis fuerzas; me
consuela en todas mis dificultades.

SALMOS 119.49–50 NTV

Y que nuestro Señor Jesucristo mismo, y Dios nuestro
Padre, que nos amó y nos dio Consuelo eterno y buena
esperanza por gracia, consuele vuestros corazones y os
afirme en toda obra y palabra buena.

2 TESALONICENSES 2.16–17 LBLA

Pero Dios, que Consuela a los deprimidos, nos consoló.

2 CORINTIOS 7.6 LBLA

Muéstrame una señal de bondad, para que la vean los
que me aborrecen y se avergüencen, porque tú, oh
Señor, me has ayudado y consolado.

SALMOS 86.17 LBLA

Griten de júbilo, cielos, y regocíjate, tierra.
Prorrumpan, montes, en gritos de alegría, porque
el Señor ha consolado a su pueblo, y de sus afligidos
tendrá compasión.

ISAÍAS 49.13 NBLH

Hallo Consuelo en ti, Señor, porque tus leyes han superado la prueba del tiempo.

SALMOS 119.52 CEV [TRADUCCIÓN LITERAL]

Alabado sea el Dios y Padre de nuestro Señor Jesucristo, Padre misericordioso y Dios de toda consolación, quien nos consuela en todas nuestras tribulaciones para que con el mismo consuelo que de Dios hemos recibido, también nosotros podamos consolar a todos los que sufren. Pues así como participamos abundantemente en los sufrimientos de Cristo, así también por medio de él tenemos abundante consuelo.

2 CORINTIOS 1.3-5 NVI

Me has hecho pasar por muchos infortunios, pero volverás a darme vida; de las profundidades de la tierra volverás a levantarme. Acrecentarás mi honor y volverás a consolarme.

SALMOS 71.20-21 NVI

Lo que ahora deben hacer es perdonarlo y ayudarlo, no sea que tanta tristeza lo lleve a la desesperación.

2 CORINTIOS 2.7 DHH

Y yo rogaré al Padre, y El os dará otro Consolador para que esté con vosotros para siempre.

JUAN 14.16 LBLA

Enseñándoles a obedecer todo lo que les he mandado a ustedes. Y les aseguro que estaré con ustedes siempre, hasta el fin del mundo.

MATEO 28.20 NBD

Devorará a la muerte para siempre; el Señor omnipotente enjugará las lágrimas de todo rostro, y quitará de toda la tierra el oprobio de su pueblo.

ISAÍAS 25.8 NVI

Te sirvo, Señor. Consuélame con tu amor como has prometido.

SALMOS 119.76 CEV [TRADUCCIÓN LITERAL]

Dios bendice a los que lloran, porque serán consolados.

MATEO 5.4 NTV

Acercaos a Dios, y Él se acercará a vosotros. Limpiad vuestras manos, pecadores; y vosotros de doble ánimo, purificad vuestros corazones.

SANTIAGO 4.8 LBLA

Por lo demás, hermanos, tened gozo, perfeccionaos, consolaos, sed de un mismo sentir, y vivir en paz; y el Dios de paz y de amor estará con vosotros.

2 CORINTIOS 13.11 RVR1960

Vengan a mí los que estén cansados y agobiados, que yo los haré descansar.

MATEO 11.28 PDT

Pues estoy convencido de que ni la muerte ni la vida, ni los ángeles ni los demonios, ni lo presente ni lo por venir, ni los poderes, ni lo alto ni lo profundo, ni cosa alguna en toda la creación, podrá apartarnos del amor que Dios nos ha manifestado en Cristo Jesús nuestro Señor.

ROMANOS 8.38-40 NVI

Este es mi consuelo en la aflicción: que tu palabra me ha vivificado.

SALMOS 119.50 NBLH

Como a un niño consolado por su madre, así pienso yo consolarlos.

ISAÍAS 66.13 BLPH

Señor, yo te alabaré aunque te hayas enojado conmigo. Tu ira se ha calmado, y me has dado Consuelo.

ISAÍAS 12.1 NVI

Convertiré su duelo en gozo, y los consolaré; transformaré su dolor en alegría.

JEREMÍAS 31.13 NVI

Si sufrimos, es para el Consuelo y la salvación de todos ustedes. Igualmente, si tenemos consuelo es para consolarlos y darles fortaleza para enfrentar con paciencia los mismos sufrimientos que tenemos nosotros. Confiamos totalmente en ustedes porque sabemos que así como comparten nuestro sufrimiento, también comparten nuestro consuelo.

2 CORINTIOS 1.6-7 BLPH

Y ahora, queridos hijos, permanezcamos en él para que, cuando se manifieste, podamos presentarnos ante él confiadamente, seguros de no ser avergonzados en su venida.

1 JUAN 2.28 NVI

¡Que el Señor te bendiga y te proteja! ¡Que el Señor te mire con benevolencia y tenga misericordia de ti! ¡Que el Señor te mire favorablemente y te colme de paz!

NÚMEROS 6.24-26 BLPH

Saben también que a cada uno de ustedes lo hemos tratado como trata un padre a sus propios hijos. Los hemos animado, consolado y exhortado a llevar una vida digna de Dios, que los llama a su reino y a su gloria.

1 TESALONICENSES 2.11-12 NVI

He visto sus caminos, pero lo sanaré; lo guiaré y lo colmaré de consuelo.

ISAÍAS 57.18 NVI

Pero ustedes, queridos amigos, deben edificarse unos a otros en su más santísima fe, orar en el poder del Espíritu Santo y esperar la misericordia de nuestro Señor Jesucristo, quien les dará vida eterna. De esta manera, se mantendrán seguros en el amor de Dios.

JUDAS 1.20-21 NTV

Cualquiera que se enfrente a una prueba cara a cara y se las arregle para perseverar, es bienaventurado en gran medida. Para esas personas, leales en su amor por Dios, la recompensa es vida y más vida.

SANTIAGO 1.12 MSG [TRADUCCIÓN LITERAL]

Pues Dios no nos ha dado un espíritu de timidez, sino de poder, de amor y de dominio propio.

2 TIMOTEO 1.7 NVI

Dios es nuestro refugio y nuestra fuerza, siempre está dispuesto a ayudar en tiempos de dificultad. Por lo tanto, no temeremos cuando vengan terremotos y las montañas se derrumben en el mar.

SALMOS 46.1-3 NTV

El Señor Dios está esperando para mostrar su bondad y apiadarse de ti. El Señor siempre hace lo correcto; bendice a los que confían en él.

ISAÍAS 30.18 CEV [TRADUCCIÓN LITERAL]

Pido en oración que, de sus gloriosos e inagotables recursos, los fortalezca con poder en el ser interior por medio de su Espíritu. Entonces Cristo habitará en el corazón de ustedes a medida que confine en él. Echarán raíces profundas en el amor de Dios, y ellas los mantendrán Fuertes. Espero que puedan comprender, como corresponde a todo el pueblo de Dios, cuán ancho, cuán largo, cuán alto y cuán profundo es su amor.

EFESIOS 3.16-18 NTV

Yo soy el Señor y no cambio. Por eso ustedes, descendientes de Jacob, aún no han sido destruidos.

MALAQUÍAS 3.6 NTV

El que habita al abrigo del Altísimo se acoge a la sombra del Todopoderoso.

SALMOS 91.1 NVI

Podrán desfallecer mi cuerpo y mi espíritu, pero Dios fortalece mi corazón; él es mi herencia eternal.

SALMOS 73.26 NVI

Porque él librará al necesitado cuando clame, también al afligido y al que no tiene quien lo auxilie. Tendrá compasión del pobre y del necesitado, y la vida de los necesitados salvará. Rescatará su vida de la opresión y de la violencia, y su sangre será preciosa ante sus ojos.

SALMOS 72.12–14 NBLH

Bendito el hombre que confía en el Señor, cuya confianza es el Señor.

JEREMÍAS 17.7 RVR1960

¡Yo sé cómo son ustedes! Pero los sanaré, los guiaré y les daré consuelo, hasta que los que lloran empiecen a cantar mis alabanzas. No importa dónde estén, Yo, el Señor, los sanaré y les daré paz.

ISAÍAS 57.17-19 CEV [TRADUCCIÓN LITERAL]

Si buscan a Dios, su Dios, podrán hallarlo si son serios, buscándolo con todo su corazón y su alma. Cuando llegan las aflicciones y todas esas cosas terribles les ocurran, en días futuros regresarán a Dios, su Dios, y escuchen obedientemente a lo que él dice. Dios, su Dios, es por encima de todo un Dios compasivo. Al final, no los abandonará, no los llevará a la ruina, no olvidará el pacto que juró con sus antepasados.

DEUTERONOMIO 4.29-31 MSG [TRADUCCIÓN LITERAL]

Pues el Señor no abandona a nadie para siempre. Aunque trae dolor, también muestra compasión debido a la grandeza de su amor inagotable. Pues él no se complace en herir a la gente o en causarles dolor.

LAMENTACIONES 3.31-33 NTV

Efectivamente él nos rescató del peligro mortal y volverá a hacerlo de nuevo. Hemos depositado nuestra confianza en Dios, y él seguirá rescatándonos.

2 CORINTIOS 1.10 NTV

No entren en pánico. Yo estoy con ustedes. No hay necesidad de temer, porque yo soy su Dios. Les daré fuerza. Los ayudaré. Los mantendré estables, los agarraré con fuerza.

ISAÍAS 41.10 MSG [TRADUCCIÓN LITERAL]

Que todo lo que soy alabe al Señor; con todo el corazón alabaré su santo nombre. Que todo lo que soy alabe al Señor; que nunca olvide todas las cosas buenas que hace por mí. Él perdona todos mis pecados y sana todas mis enfermedades. Me redime de la muerte y me corona de amor y tiernas misericordias.

SALMOS 103.1-4 NTV

¡Sé fuerte y valiente, y pon manos a la obra! No tengas miedo ni te desanimes, porque Dios el Señor, mi Dios, estará contigo. No te dejará ni te abandonará hasta que hayas terminado toda la obra del templo del Señor.

1 CRÓNICAS 28.20 NVI

Orarás a él, y te escuchará, y cumplirás los votos que le hiciste. Prosperarás en todo lo que decidas hacer y la luz brillará delante de ti en el camino.

JOB 22.27-28 NTV

En completa paz me acuesto y me duermo, porque tú, Señor, me haces vivir tranquilo.

SALMOS 4.8 PDT

Dios me perdona

Padre celestial, resulta difícil creer que haga lo que haga, siempre me perdonarás. No solo has perdonado todos mis pecados —pasados y presentes—, sino que sigues perdonando los pecados de mi futuro y me extiendes tu gracia mientras la pida. Eres el ejemplo perfecto de bondad y misericordia. Cuando otros hieren mis sentimientos o me ofenden, recuérdame tu gracia y ayúdame a perdonar y seguir adelante, aunque no me apetezca hacerlo. Amén.

Eres Dios perdonador, clemente y compasivo, lento para la ira y grande en amor.

NEHEMÍAS 9.17 NVI

Si mi pueblo, que lleva mi nombre, se humilla y ora, y me busca y abandona su mala conducta, yo lo escucharé desde el cielo, perdonaré su pecado y restauraré su tierra.

2 CRÓNICAS 7.14 NBD

Dichoso aquel a quien se le perdonan sus transgresiones, a quien se le borran su pecados.

SALMOS 32.1 NVI

Bendice, alma mía, al Señor, y no olvides ninguno de sus beneficios. Él es el que perdona todas tus iniquidades, el que sana todas tus enfermedades; el que rescata de la fosa tu vida, el que te corona de bondad y compasión.

SALMOS 103.2-4 LBLA

Si confesamos nuestros pecados, Dios, que es fiel y justo, nos los perdonará y nos limpiará de toda maldad.

1 JUAN 1.9 NVI

Porque si perdonan a otros sus ofensas, también los perdonará a ustedes su Padre celestial. Pero si no perdonan a otros sus ofensas, tampoco su Padre les perdonará a ustedes las suyas.

MATEO 6.14-15 NVI

Sed más bien amables unos con otros, misericordiosos, perdonándoos unos a otros, así como también Dios os perdonó en Cristo.

EFESIOS 4.32 LBLA

Luego Pedro se le acercó y preguntó: «Señor, ¿cuántas veces debo perdonar a alguien que peca contra mí? ¿Siete veces?». «No siete veces, respondió Jesús, sino setenta veces siete».

MATEO 18.21-22 NTV

Cuando te pongas en pie para orar, debes olvidar lo que otros te hayan hecho. Entonces tu Padre en los cielos perdonará tus pecados.

MARCOS 11.25 CEV [TRADUCCIÓN LITERAL]

¡Tened cuidado! Si tu hermano peca, repréndelo; y si se arrepiente, perdónalo. Y si peca contra ti siete veces al día, y vuelve a ti siete veces, diciendo: «Me arrepiento», perdónalo.

LUCAS 17.3-4 LBLA

Cuando las personas pecan, deberías perdonar y consolarlas, para que no abandonen por desesperación. Deberían ustedes tranquilizarlas en cuanto a su amor por ellas.

2 CORINTIOS 2.7-8 CEV [TRADUCCIÓN LITERAL]

¿Qué Dios hay como tú, que perdone la maldad y pase por alto el delito del remanente de su pueblo? No siempre estarás airado, porque tu mayor placer es amar. Vuelve a compadecerte de nosotros. Pon tu pie sobre nuestras maldades y arroja al fondo del mar todos nuestros pecados.

MIQUEAS 7.18-19 NVI

Sean comprensivos con las faltas de los demás y perdonen a todo el que los ofenda. Recuerden que el Señor los perdonó a ustedes, así que ustedes deben perdonar a otros.

COLOSENSES 3.13 NTV

¡Acudan, pues, a Dios! Abandonen sus pecados y serán perdonados.

HECHOS 3.19 CEV [TRADUCCIÓN LITERAL]

Él nos salvo, no por las acciones Justas que nosotros habíamos hecho, sino por su misericordia. Nos lavó, quitando nuestros pecados, y nos dio un nuevo nacimiento y vida nueva por miedo del Espíritu Santo.

TITO 3.5 NTV

[Dios] limpiará para siempre el rastro del pecado de ellos. Una vez se haya ocupado de ellos para siempre, no habrá más necesidad de ofrecer sacrificios por ellos.

HEBREOS 10.17-18 [TRADUCCIÓN LITERAL]

No paguen mal por mal. No respondan con insultos cuando la gente los insulte. Por el contrario, contesten con una bendición. A esto los ha llamado Dios, y él les concederá su bendición.

1 PEDRO 3.9 NTV

Y perdónanos nuestros pecados, porque también nosotros perdonamos a todos los que nos deben. Y no nos metas en tentación.

LUCAS 11.4 LBLA

Él mismo, en su cuerpo, llevó al madero nuestros pecados, para que muramos al pecado y vivamos para la justicia. Por sus heridas ustedes han sido sanados.

1 PEDRO 2.24 NVI

Al que no cometió pecado alguno, por nosotros Dios lo trató como pecador, para que en él recibiéramos la justicia de Dios.

2 CORINTIOS 5.21 NBD

Luego se volvió hacia la mujer y le dijo a Simón: «¿Ves a esta mujer? Cuando entré en tu casa, no me diste agua para los pies, pero ella me ha bañado los pies en lágrimas y me los ha secado con sus cabellos. Tú no me besaste, pero ella, desde que entré, no ha dejado de besarme los pies; Tú no me ungiste la cabeza con aceite, pero ella me ungió los pies con perfume. Por esto te digo: si ella ha amado mucho, es que sus muchos pecados le han sido perdonados. Pero a quien poco se le perdona, poco ama». Entonces le dijo Jesús a ella: «Tus pecados quedan perdonados».

LUCAS 7.44-48 NVI

Tú, Señor, eres bueno y perdonador; grande es tu amor por todos los que te invocan.

SALMOS 86.5 NVI

En mi corazón atesoro tus dichos para no pecar contra ti.

SALMOS 119.11 NVI

El Señor, el Señor, Dios clemente y compasivo, lento para la ira y grande en amor y fidelidad, que mantiene su amor hasta mil generaciones después, y que perdona la iniquidad, la rebelión y el pecado.

ÉXODO 34.6-7 NVI

¡Eres bueno, Dios! Te ruego que tengas piedad de mí. ¡Siempre eres misericordioso! Te suplico que borres mis pecados. Lávame de todo mi pecado y culpa. Sé de mis pecados y no puedo olvidar mi terrible culpa. Realmente tú eres aquel contra quien yo he pecado; he desobedecido y he hecho mal. Por tanto, es correcto y justo que me disciplines y me castigues.

SALMOS 51.1-4 MSG [TRADUCCIÓN LITERAL]

Cercano está el Señor a los quebrantados de corazón, y salva a los abatidos de espíritu.

SALMOS 34.18 LBLA

En él tenemos la redención mediante su sangre, el perdón de nuestros pecados, conforme a las riquezas de la gracia que Dios nos dio en abundancia con toda sabiduría y entendimiento.

EFESIOS 1.7-8 NVI

Porque el pecado no tendrá dominio sobre ustedes, pues no están bajo la ley sino bajo la gracia.

ROMANOS 6.14 NBLH

Tú escuchas las oraciones y todos los humanos acuden a ti. Las culpas nos tienen abrumados, pero tú perdonas nuestros pecados.

SALMOS 65.2-4 BLPH

Todos pecaron y por eso no pueden participar de la gloria de Dios. Dios, por su generoso amor, aprueba a todos gratuitamente. Es un regalo de Dios hecho posible porque Jesucristo hizo lo necesario para liberarnos del pecado.

ROMANOS 3.23–24 PDT

Si ellos le obedecen y le sirven, pasan el resto de su vida en prosperidad, pasan felices los años que les quedan.

JOB 36.11 NVI

Cambien su manera de pensar y de vivir y bautícese cada uno de ustedes en el nombre de Jesucristo. Así Dios les perdonará sus pecados y recibirán el Espíritu Santo como regalo. Esta promesa es para ustedes, para sus hijos y para todos los que están lejos. Es decir, para todos los que el Señor nuestro Dios quiera llamar.

HECHOS 2.38–39 PDT

Desde el cielo Dios contempla a los mortales, para ver si hay alguien que sea sensato y busque a Dios.

SALMOS 53.2 NVI

El que encubre sus pecados no prosperará, pero el que los confiesa y los abandona hallará misericordia.

PROVERBIOS 28.13 NBLH

Por eso, arrepiéntete de tu maldad y ruega al Señor. Tal vez te perdone el haber tenido esa mala intención.

HECHOS 8.22 NVI

Dios me da valentía

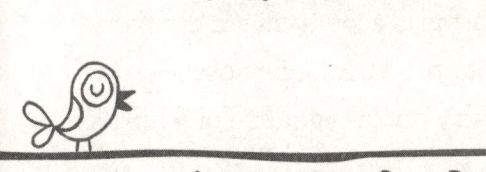

Amado Señor, dame la valentía de afrontar mis problemas con valor y compartir mi fe con orgullo. Ayúdame a tener una confianza absoluta solo en ti, no en mí mismo ni en los demás. Tú creaste el mundo entero y todo lo que hay en él, y esto debería bastar para proporcionarme la esperanza y la confianza para enfrentarme a cualquier cosa. Gracias por tu bondad y por la seguridad que me das.
Amén.

Espera al Señor; esfuérzate y aliéntese tu corazón.
Sí, espera al Señor.

SALMOS 27.14 LBLA

Porque no es un espíritu de cobardía el que Dios nos otorgó, sino de Fortaleza, amor y dominio de nosotros mismos.

2 TIMOTEO 1.7 BLPH

Pero sobre todo, como comunidad de Cristo, pórtense de una manera que represente con dignidad el mensaje acerca de Cristo. Ya sea que yo vuelva a ustedes o no, quisiera escuchar que siguen firmes en el Espíritu y están todos de acuerdo, luchando unidos para lograr que otros crean en el mensaje. Quiero escuchar que no se han dejado intimidar por sus enemigos. Esto será una clara señal de la derrota de ellos y de que ustedes se van a salvar, y todo esto viene de Dios.

FILIPENSES 1.27-28 PDT

Y ahora, queridos hijos, permanezcan en comunión con Cristo para que, cuando él regrese, estén llenos de valor y no se alejen de él avergonzados.

1 JUAN 2.28 NTV

Mientras aguardan, confíen en el Señor. Sean fuertes y valientes, y esperen que el Señor les ayudará.

SALMOS 27.14 PDT

Cuando te pedí ayuda, tú me respondiste; le diste fortaleza a mi alma.

SALMOS 138.3 PDT

Así que podemos decir con toda confianza: «El Señor es quien me ayuda; no temeré. ¿Qué me puede hacer un simple mortal?».

HEBREOS 13.6 NVI

En quien tenemos seguridad y acceso con confianza por medio de la fe en él.

EFESIOS 3.12 RVR1960

Sean fuertes. Cobren valor. No se dejen intimidar. No piensen dos veces en ellos, porque Dios, el Dios de ustedes, va delante de ustedes. No les fallará; no los abandonará.

DEUTERONOMIO 31.6 MSG [TRADUCCIÓN LITERAL]

Cobren ánimo y ármense de valor, todos los que en el Señor esperan.

SALMOS 31.24 NVI

Ella pensó para sí: «Si pudiera tocar su manto con un solo dedo, me pondré bien». Jesús se giró y la sorprendió cuando ella lo tocaba. Entonces la tranquilizó: «Ten valor hija mía. Has tomado un riesgo de fe y ahora estás sanada». La mujer quedó curada desde ese momento.

MATEO 9.21-22 MSG [TRADUCCIÓN LITERAL]

Estas cosas os he hablado para que en mí tengáis [perfecta] paz. En el mundo tenéis tribulación; pero confiad [cobrad valor; tened confianza, seguridad y no os dejéis intimidar], yo he vencido al mundo [lo he despojado del poder de haceros daño y lo he conquistado para vosotros].

JUAN 16.33 AMP [TRADUCCIÓN LITERAL]

El perverso huye sin que nadie lo esté persiguiendo,
pero los justos viven tan confiados como un león.

PROVERBIOS 28.1 PDT

Fortalezcan las manos cansadas, y afirmen las rodillas
débiles. Díganles a los temerosos: Sean fuertes, no
teman, aquí está su Dios. Ya viene la compensación, la
retribución de Dios. Él vendrá a rescatarlos.

ISAÍAS 35.3 PDT

Ustedes se salvarán solo si regresan a mí y descansan
en mí. En la tranquilidad y en la confianza está su
Fortaleza.

ISAÍAS 30.15 NTV

Después de esta oración, el lugar donde estaban
reunidos tembló y todos fueron llenos del Espíritu
Santo. Y predicaban con valentía la palabra de Dios.

HECHOS 4.31 NTV

No sean tan ingenuos y seguros de sí mismo. No están
exentos. Pueden fallar con la misma facilidad que
cualquier otra persona. Olviden su autoconfianza; es
inútil. Cultiven la confianza en Dios.

1 CORINTIOS 10.12 MSG [TRADUCCIÓN LITERAL]

Ésta es la confianza que tenemos al acercarnos a Dios:
que si pedimos conforme a su voluntad, él nos oye.

1 JUAN 5.14 NVI

Estas cosas os he hablado para que en mí tengáis paz.
En el mundo tendréis aflicción; pero confiad, yo he
vencido al mundo.

JUAN 16.33 RVR1960

Pero Jesús inmediatamente les dijo: «¡Tranquilos, soy yo! No tengan miedo».

MATEO 14.27 PDT

Pero benditos son los que confían en el Señor y han hecho que el Señor sea su esperanza y confianza.

JEREMÍAS 17.7 NTV

Él nos rescató del peligro mortal y volverá a hacerlo de nuevo. Hemos depositado nuestra confianza en Dios, y él seguirá rescatándonos.

2 CORINTIOS 1.10 NTV

Pero tú, Señor, me rodeas cual escudo; tú eres mi Gloria; ¡tú mantienes en algo mi cabeza!

SALMOS 3.3 NVI

En su bondad, Dios los llamó a ustedes a que participen de su Gloria eternal por medio de Cristo Jesús. Entonces, después de que hayan sufrido un poco de tiempo, él los restaurará, los sostendrá, los fortalecerá y los afirmará sobre un fundamento sólido.

1 PEDRO 5.10 NTV

El Señor tu Dios logra victoria tras victoria y siempre está contigo. Celebra y canta a causa de ti y refrescará tu vida con su amor.

SOFONÍAS 3.17 CEV [TRADUCCIÓN LITERAL]

La fe es la confianza de que en verdad sucederá lo que esperamos; es lo que nos da la certeza de las cosas que no podemos ver.

HEBREOS 11.1 NTV

Él dará orden a sus ángeles para que te protejan a dondequiera que vayas. Ellos te levantarán con sus manos para que ninguna piedra te lastime el pie.

SALMOS 91.11-12 PDT

Así que no temas, porque yo estoy contigo; no te angusties, porque yo soy tu Dios. Te fortaleceré y te ayudaré; te sostendré con mi diestra victoriosa.

ISAÍAS 41.10 NVI

Ezequías reunió al pueblo diciendo: «¡Sean fuertes! ¡Cobren valor! ¡No se dejen intimidar por el rey de Asiria y sus tropas; son más los que están de nuestro lado que del lado de ellos. Solo tiene un mero montón de hombres; nosotros tenemos a nuestro Dios para ayudarnos y pelear por nosotros!».

2 CRÓNICAS 32.7-8 MSG [TRADUCCIÓN LITERAL]

Te he mandado que seas fuerte y valiente. No tengas, pues, miedo ni te acobardes, porque el Señor tu Dios estará contigo dondequiera que vayas.

JOSUÉ 1.9 BLPH

Manténganse alerta y firmes en la fe (su convicción con respecto a la relación entre el hombre y Dios y las cosas divinas, manteniendo la confianza y el santo fervor nacido de la fe y que es una parte de ella); pórtense con valentía, sean modelo de fortaleza.

1 CORINTIOS 16.13 BLPH

Escúchenme, ustedes que conocen lo que es recto; pueblo que lleva mi ley en su corazón: «No teman el reproche de los hombres, ni se desalienten por sus insultos».

ISAÍAS 51.7 NVI

¡Ánimo y a luchar por nuestro pueblo y por las ciudades de nuestro Dios! Y el Señor hará lo que le plazca.

1 CRÓNICAS 19.13 BLPH

Yo soy, yo, quien los consuela. ¿Por qué has de temer a un simple mortal, a alguien que se consume como hierba? Olvidaste al Señor, que te hizo, aquel que desplegó los cielos, que puso los cimientos de la tierra. Tenías miedo de continuo al ataque furioso del opresor, cuando se preparaba para arrasar. ¿Dónde está la furia del opresor? Se aprestan a soltar al prisionero; no acabará muerto en la fosa, no andará escaso de pan. Yo soy el Señor, tu Dios, que agito el mar y braman sus olas; mi nombre es Señor del universo. Pongo mis palabras en tu boca, te oculto al amparo de mi mano para extender el cielo y cimentar la tierra, para decir a Sión: «Mi pueblo eres tú».

ISAÍAS 51.12-16 BLPH

Jesús los miró y les dijo: Para los seres humanos es imposible, pero para Dios todo es posible.

MATEO 19.26 BLPH

Es mejor refugiarse en el Señor que confiar en los mortales, mejor refugiarse en el Señor que confiar en los príncipes.

SALMOS 118.8-9 BLP

Bueno es el Señor; es refugio en el día de la angustia, y protector de los que en él confían.

NAHÚM 1.7 NVI

Una vez ha hablado Dios; dos veces he oído esto: que de Dios es el poder.

SALMOS 62.11 NBLH

Pues el ángel del Señor es un guardián; rodea y defiende a todos los que le temen. Prueben y vean que el Señor es bueno; ¡qué alegría para los que se refugian en él!

SALMOS 34.7-8 NTV

¡Cuán grandes son sus señales, y cuán poderosas sus maravillas! Su reino es un reino eterno, y su dominio de generación en generación.

DANIEL 4.3 LBLA

Llamó entonces Moisés a Josué, y en presencia de todo Israel le dijo: «Sé fuerte y valiente, porque tú entrarás con este pueblo al territorio que el Señor juró darles a sus antepasados. Tú harás que ellos tomen posesión de su herencia. El Señor mismo marchará al frente de ti y estará contigo; nunca te dejará ni te abandonará. No temas ni te desanimes».

DEUTERONOMIO 31.7-8 NVI

Dios me dijo... «Yo te diré dónde ir y tú irás. Te diré qué decir y tú lo dirás. No tengas temor de nadie. Yo estaré allí, cuidando de ti».

JEREMÍAS 1.8 MSG [TRADUCCIÓN LITERAL]

Pues tendrás éxito si obedeces cuidadosamente los decretos y las ordenanzas que el Señor le dio a Israel por medio de Moisés. ¡Sé fuerte y valiente! ¡No tengas miedo ni te desanimes!

1 CRÓNICAS 22.13 NTV

¿Hay para Dios alguna cosa difícil?

GÉNESIS 18.14 RVR1960

Les daré paz en su país, de tal manera que se acostarán en paz sin que nadie los atemorice. Yo quitaré los animales peligrosos de su tierra y no entrarán ejércitos en su país.

LEVÍTICO 26.6 PDT

Dios me da todo lo que necesito

Amado Dios, nunca dejas de proveer para mis necesidades y suples los deseos de mi corazón. En ocasiones mis carencias me distraen tanto que me olvido de ser agradecida por las cosas buenas que ya me has dado, cosas como la fuerza, el consuelo, la paz, el gozo, la esperanza, el contentamiento, la familia y los amigos. Te ruego que me ayudes a tener un corazón agradecido y recordar siempre con cuánta generosidad cuidas de mí. Amén.

Los lencillos se debilitan y tienen hambre, pero a los que buscan al Señor nada les falta.

SALMOS 34.10 NVI

Mi Dios, pues, suplirá todo lo que os falta conforme a sus riquezas en Gloria en Cristo Jesús.

FILIPENSES 4.19 RVR1960

Da alimento a los que le temen; siempre recuerda su pacto.

SALMOS 111.5 NTV

Inculca a los ricos de este mundo que no sean arrogantes y que no pongan su esperanza en algo tan inseguro como el dinero, sino que la pongan en Dios que nos concede disfrutar de todo en abundancia.

1 TIMOTEO 6.17 BLPH

Una vez fui joven, ahora soy anciano, sin embargo, nunca he visto abandonado al justo ni a sus hijos mendigando pan.

SALMOS 37.25 NTV

Que él conceda los deseos de tu corazón y haga que todos tus planes tengan éxito.

SALMOS 20.4 NTV

Reconoce al Dios de tu padre, y sírvele de todo corazón y con buena disposición, pues el Señor escudriña todo corazón y discierne todo pensamiento. Si lo buscas, te permitirá que lo encuentres; si lo abandonas, te rechazará para siempre.

1 CRÓNICAS 28.9 NVI

Haz lo que el Señor quiere y él te concederá los deseos de tu corazón.

SALMOS 37.4 CEV [TRADUCCIÓN LITERAL]

Pues es Jesús a quien se refieren las Escrituras cuando dicen: «La piedra que ustedes, los constructores, rechazaron ahora se ha convertido en la piedra principal». ¡En ningún otro hay salvación! Dios no ha dado ningún otro nombre bajo el cielo, mediante el cual podamos ser salvos.

HECHOS 4.11-12 NTV

Levanten los ojos al cielo, bajen la mirada a la tierra: el cielo se disipa como niebla, la tierra se desgasta como ropa, sus habitantes mueren como moscas; pero mi salvación es para siempre, mi victoria no se agotará.

ISAÍAS 51.6 BLPH

Así sucedió, para que, por medio de Cristo Jesús, la bendición prometida a Abraham, llegara a las naciones, y para que por la fe recibiéramos el Espíritu según la promesa.

GÁLATAS 3.14 NVI

Que el Señor te bendiga y te proteja; que el Señor sea bueno contigo y te tenga compasión. Que el Señor te mire con amor y te haga vivir en paz.

NÚMEROS 6.24-26 PDT

El Señor es mi fuerza y mi cántico; él es mi salvación. Él es mi Dios, y lo alabaré; es el Dios de mi padre, y lo enalteceré.

ÉXODO 15.2 NVI

Por eso les digo: No se preocupen por su vida, qué comerán o beberán; ni por su cuerpo, cómo se vestirán. ¿No tiene la vida más valor que la comida, y el cuerpo más que la ropa? Fíjense en las aves del cielo: no siembran ni cosechan ni almacenan en graneros; sin embargo, el Padre celestial las alimenta. ¿No valen ustedes mucho más que ellas? ¿Quién de ustedes, por mucho que se preocupe, puede añadir una sola hora al curso de su vida? ¿Y por qué se preocupan por la ropa? Observen cómo crecen los lirios del campo. No trabajan ni hilan; sin embargo, les digo que ni siquiera Salomón, con todo su esplendor, se vestía como uno de ellos. Si así viste Dios a la hierba que hoy está en el campo y mañana es arrojada al horno, ¿no hará mucho más por ustedes, gente de poca fe? Así que no se preocupen diciendo: «¿Qué comeremos?» o «¿Qué beberemos?» o «¿Con qué nos vestiremos?». Porque los paganos andan tras todas estas cosas, y el Padre celestial sabe que ustedes las necesitan. Más bien, busquen primeramente el reino de Dios y su justicia, y todas estas cosas les serán añadidas.

MATEO 6.25-33 NVI

Los que siguen la mentalidad humana, solo piensan en satisfacerla, pero los que viven según el Espíritu sólo piensan en satisfacer al Espíritu.

ROMANOS 8.5 PDT

En él también ustedes, cuando oyeron el mensaje de la verdad, el evangelio que les trajo la salvación, y lo creyeron, fueron marcados con el sello que es el Espíritu Santo prometido. Éste garantiza nuestra herencia hasta que llegue la redención final del pueblo adquirido por Dios, para alabanza de su Gloria.

EFESIOS 1.13-14 NVI

Confía en el Señor con todo tu corazón, y no te apoyes en tu propio entendimiento. Reconócele en todos tus caminos, y él enderezará tus sendas. No seas sabio a tus propios ojos, teme al Señor y apártate del mal. Será medicina para tu cuerpo y refrigerio para tus huesos.

PROVERBIOS 3.5-8 LBLA

Dios ha hecho todo esto para que le busquemos y extendamos nuestras manos para encontrarle. No está lejos de ninguno de nosotros y nos da el poder de vivir, movernos y ser quienes somos. «Somos sus hijos», como dijeron algunos de los poetas de ustedes.

HECHOS 17.27-28 CEV [TRADUCCIÓN LITERAL]

Entrégale tus cargas al Señor, y él cuidará de ti; no permitirá que los justos tropiecen y caigan.

SALMOS 55.22 NTV

Así que no temas, porque yo estoy contigo; no te angusties, porque yo soy tu Dios. Te fortaleceré y te ayudaré; te sostendré con mi diestra victoriosa.

ISAÍAS 41.10 NVI

Aunque no eche brotes la higuera, ni den las vides ningún fruto; aunque nada se espere del olivo, ni los labrantíos den para comer; aunque no haya ovejas en el aprisco, ni queden vacas en los establos; aun así, yo me gozaré en el Señor, me alegraré en Dios, mi salvador. El Señor, mi Dios, es mi fuerza; da a mis pies agilidad de gacela y me hace caminar por las alturas.

HABACUC 3.17-19 BLPH

El Señor es mi Fortaleza y mi escudo; confío en él con todo mi corazón. Me da su ayuda y mi corazón se llena de alegría; prorrumpo en canciones de acción de gracias.

SALMOS 28.7 NTV

Las enseñanzas del Señor son perfectas, reavivan el alma. Los decretos del Señor son confiables, hacen sabio al sencillo.

SALMOS 19.7 NTV

Entonces Jesús se volvió hacia sus discípulos y les dijo: «Dios los bendice a ustedes, que son pobres, porque el reino de Dios les pertenece. Dios los bendice a ustedes, que ahora tienen hambre, porque serán saciados. Dios los bendice a ustedes, que ahora lloran, porque a su debido tiempo reirán. Qué bendiciones les esperan cuando la gente los odie y los excluya, cuando se burlen de ustedes y los maldigan, como si fueran gente maligna, porque siguen al Hijo del Hombre. Cuando les suceda eso, pónganse contentos. ¡Sí, salten de alegría, porque les espera una gran recompensa en el cielo! Y recuerden que los antepasados de ellos trataron a los antiguos profetas de la misma manera».

LUCAS 6.20-23 NTV

Quienes siembran únicamente para complacerse a sí mismos sólo cosecharán de ello la destrucción. Pero el que siembra para agradar al Espíritu, cosechará la vida eterna. No debemos cansarnos de hacer el bien. Si no nos rendimos, tendremos una buena cosecha en el momento apropiado. Siempre que podamos, hagamos el bien a todos, especialmente a los que pertenecen a la familia de la fe.

GÁLATAS 6.8-10 PDT

Dios me da esperanza

Padre celestial, deposito mi esperanza y mi confianza en ti, porque sé que nunca me fallarás. Solo necesito estudiar tu Palabra para saber que cumples las promesas hechas a los que te aman y buscan tu voluntad. Nunca me decepcionarás ni me defraudarás. Puedo poner todas mis expectativas y mis sueños bajo tu cuidado, sabiendo que te preocupas al máximo por mi máximo beneficio. Gracias por darme esperanza. Amén.

Porque yo sé los planes que tengo para vosotros —declara el Señor—, planes de bienestar y no de calamidad, para daros un futuro y una esperanza.

JEREMÍAS 29.11 LBLA

Teniendo, por tanto, tal esperanza [gloriosa] (tan gozosa y confiada expectativa), hablamos con mucha franqueza.

2 CORINTIOS 3.12 NBLH

Tú eres mi refugio y mi escudo; tu palabra es la fuente de mi esperanza.

SALMOS 119.114 NTV

El Señor protege a quienes lo siguen. Él cuida de quienes ponen su confianza en su fiel amor.

SALMOS 33.18 PDT

Y no sólo esto [¡sintámonos ahora llenos de gozo!], sino que también nos gloriamos en las tribulaciones, sabiendo que la tribulación produce paciencia; y la paciencia, carácter probado (fortaleza); y el carácter probado [produce el hábito de la] esperanza (fe e integridad probadas); y la esperanza no desilusiona, porque el amor de Dios ha sido derramado en nuestros corazones por medio del Espíritu Santo que nos fue dado.

ROMANOS 5.3-5 LBLA

Desfallece mi alma por tu salvación, mas espero en tu palabra.

SALMOS 119.81 RVR1960

Nosotros que somos de día, por el contrario, estemos siempre en nuestro sano juicio, protegidos por la coraza de la fe y del amor, y por el casco de la esperanza de salvación.

1 TESALONICENSES 5.8 NVI

En cambio, adoren a Cristo como el Señor de su vida. Si alguien les pregunta acerca de la esperanza que tienen como creyentes, estén siempre preparados para dar una explicación.

1 PEDRO 3.15 NTV

Que tengan la esperanza de vida eterna que Dios prometió desde antes de que el tiempo existiera, y él no miente.

TITO 1.2 PDT

Por el Espíritu recibimos la esperanza de que Dios nos va a aprobar por la fe.

GÁLATAS 5.5 PDT

Cristo, en cambio, es fiel como Hijo al frente de la casa de Dios. Y esa casa somos nosotros, con tal que mantengamos nuestra confianza y la esperanza que nos enorgullece.

HEBREOS 3.6 NVI

Le pido a Dios, fuente de esperanza, que los llene completamente de alegría y paz, porque confían en él. Entonces rebosarán de una esperanza segura mediante el poder del Espíritu Santo.

ROMANOS 15.13 NTV

Dios hizo esto porque quiso que ustedes, los gentiles, entendieran su maravilloso y glorioso misterio. Y el misterio es que Cristo vive en ustedes y que él es su esperanza de participar en la gloria de Cristo.

COLOSENSES 1.27 CEV [TRADUCCIÓN LITERAL]

Hay dos cosas imposibles: que Dios mienta y que no cumpla lo que promete. Esas dos cosas nos dan confianza a los que nos hemos refugiado en él. Nos fortalecen para continuar en la esperanza que Dios nos da. Tenemos esa esperanza tan fuerte y segura como un ancla que sostiene el alma. Nuestra esperanza llega más allá de la cortina del Lugar Santísimo del cielo.

HEBREOS 6.18-19 PDT

Por medio de Cristo, han llegado a confiar en Dios. Y han puesto su fe y su esperanza en Dios, porque él levantó a Cristo de los muertos y le dio una gloria inmensa.

1 PEDRO 1.21 NTV

Tengo en Dios la misma esperanza que estos hombres profesan, de que habrá una resurrección de los justos y de los injustos.

HECHOS 24.15 NVI

Pero deseamos que cada uno de vosotros muestre la misma solicitud hasta el fin, para plena certeza de la esperanza.

HEBREOS 6.11 RVR1960

Porque en esa esperanza fuimos salvados. Pero la esperanza que se ve, ya no es esperanza. ¿Quién espera lo que ya tiene? Pero si esperamos lo que todavía no tenemos, en la espera mostramos nuestra constancia.

ROMANOS 8.24-25 NVI

Pido que Dios les abra la mente para que vean y sepan lo que él tiene preparado para la gente que ha llamado. Entonces podrán participar de las ricas y abundantes bendiciones que él ha prometido a su pueblo santo.

EFESIOS 1.18 PDT

Sinceramente espero no hacer nunca nada de lo que sentirme avergonzado. Viva o muera, siempre quiero ser tan valiente como soy ahora y rendir honor a Cristo.

FILIPENSES 1.20 CEV [TRADUCCIÓN LITERAL]

Acuérdate de la palabra que diste a este siervo tuyo, palabra con la que me infundiste esperanza.

SALMOS 119.49 NVI

¿Por qué te abates, oh alma mía, y por qué te turbas dentro de mí? Espera en Dios; porque aún he de alabarle, salvación mía y Dios mío.

SALMOS 42.11 RVR1960

Ambas cosas provienen de la firme esperanza puesta en lo que Dios les ha reservado en el cielo. Ustedes han tenido esa esperanza desde la primera vez que escucharon la verdad de la Buena Noticia.

COLOSENSES 1.5 NTV

Aguardando la esperanza bienaventurada y la manifestación gloriosa de nuestro gran Dios y Salvador Jesucristo.

TITO 2.13 RVR1960

Pero no se olvidará para siempre al necesitado, ni para siempre se perderá la esperanza del pobre.

SALMOS 9.18 NIV

Mis estimados hermanos, ahora somos hijos de Dios pero todavía no sabemos lo que seremos en el futuro. Lo que sí sabemos, es que cuando Cristo regrese seremos como él, pues lo veremos tal y como él es. Y todo el que tenga esta esperanza puesta en él, se purifica a sí mismo, así como Cristo es puro.

1 JUAN 3.2-3 PDT

No llamamos «padre» a Abraham, porque consiguió la atención de Dios viviendo como un santo, sino porque Dios hizo algo de Abraham cuando este no era nadie. ¿No es esto lo que siempre hemos leído en las Escrituras, cuando Dios le dijo a Abraham: «Te pongo por padre de muchos pueblos»? Abraham recibió primero el nombre de «padre» y después se convirtió en padre, porque se atrevió a confiar en que Dios haría lo que solo él podía hacer: levantar al muerto para vida, con una palabra sacó algo de la nada. Cuando todo era desesperación, Abraham creyó de todos modos, decidiendo no vivir en base a lo que vio que no podía hacer, sino en lo que Dios dijo que haría. Y fue hecho, pues, padre de una multitud de pueblos. Dios mismo le dijo: «Tendrás una gran familia, Abraham».

ROMANOS 4.17-18 MSG [TRADUCCIÓN LITERAL]

¡Alabado sea Dios, Padre de nuestro Señor Jesucristo!
Por su gran misericordia, nos ha hecho nacer de nuevo
mediante la resurrección de Jesucristo, para que
tengamos una esperanza viva.

1 PEDRO 1.3 NVI

Espero tu salvación, Señor, y cumplo tus
mandamientos.

SALMOS 119.166 LBLA

Bendito es el hombre que confía en el SEÑOR, cuya
confianza es el SEÑOR.

JEREMÍAS 17.7 LBLA

Así como ustedes forman un solo cuerpo y hay un solo
Espíritu, Dios también los llamó a una sola esperanza.

EFESIOS 4.4 PDT

El Señor es mi porción —dice mi alma (mi ser interior)—
por eso en Él espero. Bueno es el Señor para los que
en Él esperan, para el alma que le busca [le preguntan
a Él e inquieren sobre Él, lo requieren por derecho de
necesidad y por la autoridad de la palabra de Dios].
Bueno es esperar en silencio la salvación (la seguridad y
el alivio) del Señor.

LAMENTACIONES 3.24-26 LBLA

Yo espero de Dios lo mismo que los judíos. Espero que
todos los seres humanos, buenos o malos, resuciten de
la muerte.

HECHOS 24.15 PDT

Más bien se refería a nosotros. La Escritura es para nuestro bienestar. Pues tanto el que ara la tierra como el que trilla deben hacerlo con la esperanza de recibir una parte de la cosecha.

CORINTIOS 9.10 PDT

Feliz al que ayuda el Dios de Jacob, quien pone su esperanza en Dios su Señor.

SALMOS 146.5 BLPH

Debido a nuestra fe, Cristo nos hizo entrar en este lugar de privilegio inmerecido en el cual ahora permanecemos, y esperamos con confianza y alegría participar de la gloria de Dios.

ROMANOS 5.2 NTV

Vivirás tranquilo, porque hay esperanza; estarás protegido y dormirás confiado. Descansarás sin temer a nadie, y muchos querrán ganarse tu favor.

JOB 11.18-19 NVI

No, el SEÑOR se deleita en los que le temen, en los que ponen su esperanza en su amor inagotable.

SALMOS 147.11 NTV

Señor, hazme conocer tus caminos; muéstrame tus sendas. Encamíname en tu verdad, ¡enséñame! Tú eres mi Dios y Salvador; ¡en ti pongo mi esperanza todo el día! Acuérdate, Señor, de tu ternura y gran amor, que siempre me has mostrado.

SALMOS 25.4-6 NVI

Todo lo que se escribió en el pasado fue para dejarnos una enseñanza y para que tengamos esperanza.

ROMANOS 15.4 PDT

Ahora permanecen estas tres cosas: la fe, la esperanza y el amor [fe: convicción y creencia con respecto a la relación con Dios y las cosas divinas; esperanza: gozosa y confiada expectativa de salvación eterna; amor: verdadero afecto hacia Dios y el hombre, que surge del amor de Dios por y en nosotros], pero el más grande de todos es el amor.

1 CORINTIOS 13.13 PDT

Recuerden que ustedes no tenían a Cristo: no eran ciudadanos de Israel, no tenían nada que ver con los pactos ni con las promesas de Dios. Ustedes vivían sin Dios en el mundo y sin ninguna esperanza. Pero ahora, unidos a Jesucristo ya no están lejos de Dios porque la muerte de Cristo los acercó a Dios. Cristo nos trajo la paz y es quien nos ha unido a todos en un solo pueblo. Antes, los judíos y los que no son judíos se odiaban y estaban divididos como si un muro los separara, pero Cristo murió para derrumbar ese muro de odio.

EFESIOS 2.12-14 PDT

Dios me da gozo

Amado Señor, veo que la mayor parte del tiempo busco la felicidad, pero sé que mi meta debería ser mi objetivo. La felicidad llega pronto y se va, dependiendo de las situaciones temporales, pero el gozo solo depende del estado de mi corazón. Que mi corazón se llene del gozo que viene de ti, Padre celestial, y ayúdame a compartir ese gozo con todo aquel con el que me encuentre. Independientemente de lo que ocurra en mi vida, quiero alabarte con mis pensamientos, mis actos y mis palabras. Amén.

Canten alegres al SEÑOR, habitantes de toda la tierra. Adoren con alegría al SEÑOR; vengan a él con canciones alegres.

SALMOS 100.1-2 PDT

Ahora vuelvo a ti, pero digo estas cosas mientras todavía estoy en el mundo, para que tengan mi alegría en plenitud.

JUAN 17.13 NVI

No es que queramos tener control [sobre vosotros] de vuestra fe, sino [más bien trabajamos con vosotros como] que somos colaboradores con vosotros para [fomentar] vuestro gozo; porque en [vuestra] la fe (en vuestra firme y bien recibida convicción o creencia de que Jesús es el Mesías, por medio de quien obtenemos salvación eterna en la salvación en el reino de Dios) permanecéis firmes.

2 CORINTIOS 1.24 LBLA

¿Está afligido alguno entre ustedes? Que ore. ¿Está alguno de buen ánimo? Que cante alabanzas.

SANTIAGO 5.13 NVI

Por tanto, en él se alegrará nuestro corazón, porque en su santo nombre hemos confiado.

SALMOS 33.21 RVR1960

Cantando salmos e himnos y canciones espirituales entre ustedes, y haciendo música al Señor en el corazón.

EFESIOS 5.19 NTV

Así que ahora podemos alegrarnos por nuestra nueva y maravillosa relación con Dios gracias a que nuestro Señor Jesucristo nos hizo amigos de Dios.

ROMANOS 5.11 NTV

El Señor es mi fuerza y mi escudo; en Él confía mi corazón, y soy socorrido; por tanto, mi corazón se regocija, y le daré gracias con mi cántico.

SALMOS 28.7 RVR1960

Estén siempre llenos de alegría en el Señor. Lo repito, ¡alégrense!

FILIPENSES 4.4 NTV

Hasta ahora no han pedido nada en mi nombre. Pidan y recibirán, para que su alegría sea completa.

JUAN 16.24 NVI

Alegraos en el Señor y regocijaos, justos; dad voces de júbilo, todos los rectos de corazón.

SALMOS 32.11 LBLA

La gente malvada queda atrapada por el pecado, pero los justos escapan con gritos de alegría.

PROVERBIOS 29.6 NTV

Como entristecidos, mas siempre gozosos; como pobres, mas enriqueciendo a muchos; como no teniendo nada, mas poseyéndolo todo.

2 CORINTIOS 6.10 RVR1960

Los rescatados del Señor volverán, entrarán en Sion con gritos de júbilo, con alegría eterna sobre sus cabezas. Gozo y alegría alcanzarán, y huirán la tristeza y el gemido.

ISAÍAS 51.11 LBLA

Cuando les pase esto, pónganse contentos y salten de alegría, porque van a recibir una gran recompensa en los cielos. Así también fue como los antepasados de esa gente maltrataron a los profetas.

LUCAS 6.23 PDT

¡Cantaré de gozo en Dios, estallaré en alabanza desde lo profundo de mi alma! Me vistió de salvación, me cubriste con una túnica de justicia, como novio que se pone un esmoquin y la novia una tiara adornada de piedras preciosas. Porque como estalla la tierra con flores silvestres de primavera, y como cascadas de flores en un jardín, así el Señor Dios lleva la justicia a su plena floración y pone de manifiesta la alabanza delante de las naciones.

ISAÍAS 61.10 MSG [TRADUCCIÓN LITERAL]

Su patrón le dijo: «¡Muy bien hecho! Eres un buen siervo y digno de confianza. Como fuiste fiel con poca cantidad, te pondré a cargo de mucho. Ven y alégrate con tu patrón».

MATEO 25.21 PDT [TRADUCCIÓN LITERAL]

La alegría es como una buena medicina, pero el desánimo es como una enfermedad.

PROVERBIOS 17.22 PDT

Todos los días del afligido son malos [por los pensamientos angustiosos y los presentimientos] pero el de corazón alegre *tiene* un banquete continuo [independientemente de las circunstancias].

PROVERBIOS 15.15 LBLA

Señor nuestro, que tus adoradores se regocijen y estén alegres. Te aman porque los salvaste, por tanto, digan siempre: «¡El Señor es maravilloso!».

SALMOS 40.16 CEV [TRADUCCIÓN LITERAL]

Darán voces de júbilo mis labios, cuando Te cante alabanzas y mi alma, que Tú has redimido.

SALMOS 71.23 NBLH

Todos los días del afligido son difíciles; mas el de corazón contento tiene un banquete continuo.

PROVERBIOS 15.15 RVR1960

Esto es lo que quiero que hagan: Pídanle al Padre cualquier cosa que sea según lo que les he revelado. Pidan en mi nombre, de acuerdo con mi voluntad, y, con toda seguridad él se lo dará. ¡El gozo de ustedes será como un río que rebasa sus orillas!

JUAN 16.24 MSG [TRADUCCIÓN LITERAL]

Me mostrarás el camino de la vida, me concederás la alegría de tu presencia y el placer de vivir contigo para siempre.

SALMOS 16.11 NTV

Adoren al SEÑOR con gozo. Vengan ante él cantando con alegría.

SALMOS 100.2 NTV

¡Den gracias al Señor, porque él es bueno! Su fiel amor perdura para siempre. Exclamen: «¡Sálvanos, oh Dios de nuestra salvación! Reúnenos y rescátanos de entre las naciones, para que podamos agradecer a tu santo nombre, alegrarnos y alabarte». ¡Alaben al Señor, Dios de Israel, quien vive desde siempre y para siempre!

1 Crónicas 16.34-36 ntv

Gloria y majestad [se encuentran] delante de Él; poder y alegría [se encuentran] en su morada.

1 Crónicas 16.27 lbla

Mas el fruto del Espíritu es amor, gozo, paz, paciencia, benignidad, bondad, fe, mansedumbre, templanza; contra tales cosas no hay ley.

Gálatas 5.2-23 rvr1960

¡Oh enséñanos a vivir bien! ¡Enséñanos a vivir sabiamente y bien! Vuelve, Dios —¿cuánto tendremos que esperar?—; y, para cambiar, trata a tus siervos con bondad. Sorpréndenos con amor al amanecer; luego saltaremos y danzaremos todo el día. Compensa los malos tiempos con algunos buenos; ya hemos visto suficiente mal que dura toda una vida. Deja que tus siervos vean aquello que se te da mejor: las formas en que gobiernas y bendices a tus hijos. Y que la hermosura de nuestro Señor, nuestro Dios, descanse sobre nosotros confirmando la obra que hacemos. Oh, sí. ¡Confirma la obra que hacemos!

Salmos 90.12-17 msg [traducción literal]

Y mi espíritu se regocija en Dios mi Salvador.

Lucas 1.47 nvi

Si guardáis mis mandamientos, permaneceréis en mi amor, así como yo he guardado los mandamientos de mi Padre y permanezco en su amor. Estas cosas os he hablado, para que mi gozo esté en vosotros, y vuestro gozo sea perfecto.

JUAN 15.10-11 LBLA

Tú has cambiado mi lamento en danza; has desatado mi cilicio y me has ceñido de alegría.

SALMOS 30.11 LBLA

Mi alma se regocijará en el Señor; en su salvación se gozará. Dirán todos mis huesos: Señor, ¿quién como tú, que libras al afligido de aquel que es más fuerte que él, sí, al afligido y al necesitado de aquel que lo despoja?

SALMOS 35.8-10 LBLA

Te alabaré con mi vida; alzaré las manos en tu nombre al adorarte. Me sentiré completamente satisfecho, como quien disfruta de una comida muy sabrosa, y mis labios dichosos te alabarán. Estando en mi lecho me acuerdo de ti, pienso en ti a media noche.

SALMOS 63.4-6 PDT

Alégrense los cielos y regocíjese la tierra; ruja el mar y cuanto contiene; gócese el campo y todo lo que en él hay. Entonces todos los árboles del bosque cantarán con gozo delante del Señor, porque Él viene; porque Él viene a juzgar la tierra: juzgará al mundo con justicia y a los pueblos con su fidelidad.

SALMOS 96.11-13 LBLA

Dios me da fuerza

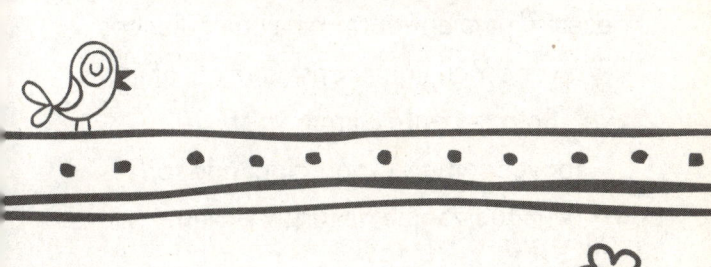

Padre celestial, no creo entender siempre
lo poderoso que eres en realidad.
En ocasiones me siento demasiado débil,
demasiado joven o demasiado abrumada
para tratar con las situaciones difíciles.
Cuando atraviese momentos difíciles,
te ruego que me recuerdes tu disposición
y tu capacidad para darme la fuerza que
necesito para enfrentarme a cualquier cosa
y a vencer cualquier cosa que me aflija.
Solo necesito clamar y estás allí,
apoyándome y proporcionando toda
la fuerza que necesito. Amén.

Yo sé cómo vivir en pobreza o en abundancia.
Conozco el secreto de estar feliz en todos los
momentos y circunstancias: pasando hambre o
estando satisfecho; teniendo mucho o teniendo
poco. Puedo enfrentar cualquier situación porque
Cristo me da el poder para hacerlo.

FILIPENSES 4.12-13 PDT

Mi carne y mi corazón pueden desfallecer, pero Dios es
la fortaleza de mi corazón y mi porción para siempre.

SALMOS 73.26 LBLA

Los justos siguen avanzando, y los de manos limpias se
vuelven cada vez más fuertes.

JOB 17.9 NTV

Para que andéis como es digno del Señor, agradándole
en todo, llevando fruto en toda buena obra, y creciendo
en el conocimiento de Dios; fortalecidos con todo
poder, conforme a la potencia de su gloria, para toda
paciencia y longanimidad.

COLOSENSES 1.10-11 RVR1960

Dios es imponente en su santuario; el Dios de Israel le
da poder y fuerza a su pueblo. ¡Alabado sea Dios!

SALMOS 68.35 NTV

El Señor fortalece a su pueblo; el Señor bendice a su
pueblo con la paz.

SALMOS 29.11 NVI

Por lo demás, fortaleceos en el Señor [sean facultados por medio de la unión de ustedes con Él] y en el poder de su fuerza [esa fuerza que su poder ilimitado proporciona]. Revestíos con toda la armadura de Dios [la armadura de un soldado fuertemente armado que proporciona Dios], para que podáis estar firmes contra [todas] las insidias del diablo.

EFESIOS 6.10-11 LBLA

De ti proceden la riqueza y el honor; tú lo gobiernas todo. En tus manos están la fuerza y el poder, y eres tú quien engrandece y fortalece a todos.

1 CRÓNICAS 29.12 NVI

Él fortalece al cansado y acrecienta las fuerzas del débil.

ISAÍAS 40.29 NVI

Espera en el Señor, sé fuerte, ten firmeza; pon tu esperanza en el Señor.

SALMOS 27.14 BLPH

Cada vez él me dijo: «Mi gracia es todo lo que necesitas; mi poder actúa mejor en la debilidad». Así que ahora me alegra jactarme de mis debilidades, para que el poder de Cristo pueda actuar a través de mí.

2 CORINTIOS 12.9 NTV

El Señor es mi roca, mi baluarte y mi libertador; mi Dios, mi roca en quien me refugio; mi escudo y el cuerno de mi salvación, mi altura inexpugnable.

SALMOS 18.2 LBLA

Estaba asombrado al ver que nadie intervenía para ayudar a los oprimidos. Así que se interpuso él mismo para salvarlos con su brazo fuerte, sostenido por su propia justicia. Se puso la justicia como coraza y se colocó en la cabeza el casco de salvación. Se vistió con una túnica de venganza y se envolvió en un manto de pasión divina.

ISAÍAS 59.16-17 NTV

Después de estas cosas la palabra del Señor vino a Abram en visión, diciendo: No temas, Abram, yo soy un escudo para ti; tu recompensa será muy grande. Y Abram dijo: Oh Señor Dios, ¿qué me darás, puesto que yo estoy sin hijos, y el heredero de mi casa es Eliezer de Damasco?

GÉNESIS 15.1-2 LBLA

Mas tú, oh SEÑOR, eres escudo en derredor mío, mi gloria, y el que levanta mi cabeza.

SALMOS 3.3 LBLA

Pues te protegerá con sus alas y bajo ellas hallarás refugio. Su fidelidad será tu escudo.

SALMOS 91.4 PDT

El nombre del Señor es una fortaleza firme; los justos corren a él y quedan a salvo.

PROVERBIOS 18.10 NTV

Pues el reino de Dios no consiste en las muchas palabras sino en vivir por el poder de Dios.

1 CORINTIOS 4.20 NTV

No pongan su confianza en los poderosos; no está allí
la ayuda para ustedes.

SALMOS 146.3 NTV

Todo esto demuestra que el Señor sabe librar de la
prueba a los que viven como Dios quiere, y reservar a
los impíos para castigarlos en el día del juicio.

2 PEDRO 2.9 NVI

Velad y orad, para que no entréis en tentación; el
espíritu a la verdad está dispuesto, pero la carne es
débil.

MATEO 26.41 RVR1960

Ustedes sólo han tenido las mismas tentaciones que
todos los demás. Pero Dios es fiel y no va a dejar que
sean tentados más allá de lo que puedan soportar.
Así que sepan que cuando sean tentados, van a poder
soportar, porque Dios les dará una salida.

1 CORINTIOS 10.13 PDT

La noche está muy avanzada y ya se acerca el día. Por
eso, dejemos a un lado las obras de la oscuridad y
pongámonos la armadura de la luz.

ROMANOS 13.12 NVI

Pues aunque andamos en la carne, no luchamos según
la carne; porque las armas de nuestra contienda
no son carnales, sino poderosas en Dios para la
destrucción de fortalezas; destruyendo especulaciones
y todo razonamiento altivo que se levanta contra el
conocimiento de Dios, y poniendo todo pensamiento
en cautiverio a la obediencia de Cristo.

2 CORINTIOS 10.3-5 LBLA

Porque las cosas invisibles de él, su eterno poder y deidad, se hacen claramente visibles desde la creación del mundo, siendo entendidas por medio de las cosas hechas, de modo que no tienen excusa.

Romanos 1.20 RVR1960

Pero recibirán poder cuando el Espíritu Santo descienda sobre ustedes; y serán mis testigos, y le hablarán a la gente acerca de mí en todas partes: en Jerusalén, por toda Judea, en Samaria y hasta los lugares más lejanos de la tierra.

Hechos 1.8 NTV

Por lo cual también sufro estas cosas, pero no me avergüenzo; porque yo sé en quién he creído, y estoy convencido de que es poderoso para guardar mi depósito hasta aquel día. Retén la norma de las sanas palabras que has oído de mí, en la fe y el amor en Cristo Jesús.

2 Timoteo 1.12-13 LBLA

Estas pruebas demostrarán que su fe es auténtica. Está siendo probada de la misma manera que el fuego prueba y purifica el oro, aunque la fe de ustedes es mucho más preciosa que el mismo oro. Entonces su fe, al permanecer firme en tantas pruebas, les traerá mucha alabanza, gloria y honra en el día que Jesucristo sea revelado a todo el mundo.

1 Pedro 1.7 NTV

Y no nos metas en tentación, mas líbranos del mal. Porque tuyo es el reino y el poder y la gloria para siempre jamás. Amén.

Mateo 6.13 LBLA

Otra vez Jesús les habló, diciendo: Yo soy la luz del mundo; el que me sigue, no andará en tinieblas, sino que tendrá la luz de la vida.

JUAN 8.12 RVR1960

Hemos llegado a tener parte con Cristo, con tal que retengamos firme hasta el fin la confianza que tuvimos al principio.

HEBREOS 3.14 NVI

Aunque pase por el valle de sombra de muerte, no temeré mal alguno, porque tú estás conmigo; tu vara y tu cayado me infunden aliento.

SALMOS 23.4 LBLA

Busqué al Señor, y Él me respondió, y me libró de todos mis temores.

SALMOS 34.4 LBLA

Así que, amados míos, tal como siempre habéis obedecido, no sólo en mi presencia, sino ahora mucho más en mi ausencia, ocupaos en vuestra salvación con temor y temblor; porque Dios es quien obra en vosotros tanto el querer como el hacer, para su beneplácito.

FILIPENSES 2.12-13 LBLA

Porque el Señor tu Dios está en medio de ti como guerrero victorioso. Se deleitará en ti con gozo, te renovará con su amor, se alegrará por ti con cantos.

SOFONÍAS 3.17 NVI

Y a Aquel que es poderoso para hacer todas las cosas mucho más abundantemente de lo que pedimos o entendemos, según el poder que actúa en nosotros, a él sea gloria en la iglesia en Cristo Jesús por todas las edades, por los siglos de los siglos. Amén.

EFESIOS 3.20-21 RVR1960

El santo Señor Dios de Israel les ha dicho a todos ustedes: «Los mantendré a salvo si se vuelven a mí y se tranquilizan. Los haré fuerte si en silencio confían en mí».

ISAÍAS 30.15 CEV [TRADUCCIÓN LITERAL]

El cual nos libró de tan gran peligro de muerte y nos librará, y en quien hemos puesto nuestra esperanza (nuestra gozosa y confiada expectación) de que El aún nos ha de librar [del peligro y la destrucción, y nos acerca a él].

2 CORINTIOS 1.10 LBLA

Ésta es la confianza que tenemos al acercarnos a Dios: que si pedimos conforme a su voluntad, él nos oye.

1 JUAN 5.14 NVI

Servimos con pureza, conocimiento, constancia y bondad; en el Espíritu Santo y en amor sincero; [hablando] con palabras de verdad y con el poder de Dios; con armas de justicia, tanto ofensivas como defensivas.

2 CORINTIOS 6.6-7 LBLA

Pero los que confían en el renovarán sus fuerzas;
volarán como las águilas: correrán y no se fatigarán
caminarán y no se cansarán.

ISAÍAS 40.31 NVI

Cuando caiga, no quedará derribado, porque el Señor
sostiene su mano.

SALMOS 37.24 LBLA

Por lo tanto, ya que estamos rodeados por una enorme
multitud de testigos de la vida de fe, quitémonos todo
peso que nos impida correr, especialmente el pecado
que tan fácilmente nos hace tropezar. Y corramos con
perseverancia la carrera que Dios nos ha puesto por
delante. Esto lo hacemos al fijar la mirada en Jesús, el
campeón que inicia y perfecciona nuestra fe. Debido
al gozo que le esperaba, Jesús soportó la cruz, sin
importarle la vergüenza que esta representaba. Ahora
está sentado en el lugar de honor, junto al trono de
Dios.

HEBREOS 12.1-2 NTV

Dios tiene un plan para mí

Amado Señor, a veces olvido que mi vida no me pertenece. Tú tienes un plan para mí, un plan especial para mi vida que tú organizaste incluso antes de que yo naciera. Aunque es posible que yo desconozca cuál es el plan ahora mismo, confío en que tú te centras en lo que sea mejor para mí. Toma mi voluntad, Señor, y mis planes, y hazlos tuyos. Quiero que mi vida te glorifique en todo. Amén.

Porque yo sé muy bien los planes que tengo para ustedes —afirma el Señor—, planes de bienestar y no de calamidad, a fin de darles un futuro y una esperanza.

JEREMÍAS 29.11 NVI

Confía en el Señor con todo tu corazón, y no te apoyes en tu propio entendimiento. Reconócele en todos tus caminos, y Él enderezará tus sendas.

PROVERBIOS 3.5-6 LBLA

Si en verdad estás contento conmigo, enséñame tus planes para así seguir siendo de tu agrado. Acuérdate de que todo este pueblo es tuyo. Yo mismo te voy a guiar, dijo el Señor.

ÉXODO 33.13-14 PDT

Como a un rebaño sacó a su pueblo, por el desierto lo condujo como a ovejas; en sosiego los guiaba y no temían.

SALMOS 78.52-53 BLPH

El Señor es mi pastor, nada me falta; en verdes pastos me hace descansar. Junto a tranquilas aguas me conduce; me infunde nuevas fuerzas. Me guía por sendas de justicia por amor a su nombre.

SALMOS 23.1-3 NVI

\Te enseñaré y te mostraré el camino; te estaré observando y seré tu guía.

SALMOS 32.8 PDT

Pues así es Dios. Él es nuestro Dios por siempre y para siempre, y nos guiará hasta el día de nuestra muerte.

SALMOS 48.14 NTV

Tu reino es reino por todos los siglos, y tu dominio permanece por todas las generaciones. El Señor sostiene a todos los que caen, y levanta a todos los oprimidos.

SALMOS 145.13-14 LBLA

Porque en Él vivimos, nos movemos y existimos, así como algunos de vuestros mismos poetas han dicho: «Porque también nosotros somos linaje suyo».

HECHOS 17.28 LBLA

Pon en manos del Señor todas tus obras, y tus proyectos se cumplirán.

PROVERBIOS 16.3 NVI

Por nada estéis afanosos; antes bien, en todo, mediante oración y súplica (peticiones definidas) con acción de gracias, sean dadas a conocer vuestras peticiones delante de Dios. Y la paz de Dios [será de ustedes, ese estado tranquilo de un alma segura de su salvación por medio de Cristo, y, por tanto, sin temer a nada que venga de Dios y estar satisfecho con su asignación terrenal cualquiera que sea su tipo, esa paz] que sobrepasa todo entendimiento, guardará vuestros corazones y vuestras mentes en Cristo Jesús.

FILIPENSES 4.6-7 LBLA

Por eso les digo: no se preocupen por la comida ni por la bebida que necesitan para vivir, ni tampoco por la ropa que se van a poner. Ciertamente la vida es más que la comida y el cuerpo más que la ropa. Miren a las aves del cielo, ellas no siembran ni cosechan ni tampoco guardan nada en graneros. Sin embargo, su Padre que está en el cielo les da alimento. ¿No valen ustedes mucho más que ellas?

MATEO 6.25-26 PDT

Con su poder divino, Jesús nos da todo lo que necesitamos para dedicar nuestra vida a Dios. Todo lo tenemos porque lo conocemos a él, quien nos llamó por su gloria y excelencia.

2 PEDRO 1.3 PDT

Conozcan mejor a nuestro Señor y Salvador Jesucristo y así recibirán cada vez más de su generoso amor. Alaben a Cristo ahora y siempre. Así sea.

2 PEDRO 3.18 PDT

¡Cuán bendecidos son todos ustedes que temen a Dios! ¡Con cuánta felicidad caminan en su suave y recto camino! Trabajaron duro y merecen todo lo que les está por venir. ¡Disfruten de la bendición! ¡Deléitense en lo bueno!

SALMOS 128.2 MSG [TRADUCCIÓN LITERAL]

Además, a quien Dios le concede abundancia y riquezas, también le concede comer de ellas, y tomar su parte y disfrutar de sus afanes, pues esto es don de Dios.

ECLESIASTÉS 5.19 NVI

Recompensa de la humildad y del temor del Señor son las riquezas, la honra y la vida.

PROVERBIOS 22.4 NVI

Entonces el Señor tu Dios te hará prosperar abundantemente en toda la obra de tu mano, en el fruto de tu vientre, en el fruto de tu ganado y en el producto de tu tierra, pues el Señor de nuevo se deleitará en ti para bien, tal como se deleitó en tus padres.

DEUTERONOMIO 30.9 LBLA

Además, que todo hombre que coma y beba y vea lo bueno en todo su trabajo, eso es don de Dios.

ECLESIASTÉS 3.13 LBLA

El corazón del hombre traza su rumbo, pero sus pasos los dirige el Señor.

PROVERBIOS 16.8-10 NVI

Escucha el consejo y acepta la corrección, para que seas sabio el resto de tus días. Muchos son los planes en el corazón del hombre, mas el consejo del Señor permanecerá.

PROVERBIOS 19.20-21 LBLA

El insensato cree que se las sabe todas, pero el inteligente oye consejos. Sin una buena orientación, las personas pierden su camino; cuanto más sabio sea el consejo que sigas, mejores oportunidades tendrás.

PROVERBIOS 11.14 MSG [TRADUCCIÓN LITERAL]

Cuando falta el consejo, fracasan los planes; cuando abunda el consejo, prosperan.

PROVERBIOS 15.22 NVI

Permaneced en mí, y yo en vosotros. Como el pámpano no puede llevar fruto por sí mismo, si no permanece en la vid, así tampoco vosotros, si no permanecéis en mí. Yo soy la vid, vosotros los pámpanos; el que permanece en mí, y yo en él, éste lleva mucho fruto; porque separados de mí nada podéis hacer.

JUAN 15.4-5 RVR1960

Con Tu consejo me guiarás, y después me recibirás en gloria.

SALMOS 73.24 NBLH

Mira, hoy te doy a escoger entre la vida y la muerte, entre lo bueno y lo malo, entre la vida y el éxito, o la muerte y el desastre. Si obedeces los mandamientos del Señor tu Dios que te ordeno hoy, amas al Señor tu Dios, vives como él manda y obedeces sus mandamientos, normas y leyes, entonces vivirás y te multiplicarás, y el Señor tu Dios te bendecirá en la tierra que vas a tomar en posesión.

DEUTERONOMIO 30.15-16 PDT

En quien tenemos redención por su sangre, el perdón de pecados según las riquezas de su gracia, que hizo sobreabundar para con nosotros en toda sabiduría e inteligencia, dándonos a conocer el misterio de su voluntad, según su beneplácito, el cual se había propuesto en sí mismo, de reunir todas las cosas en Cristo, en la dispensación del cumplimiento de los tiempos, así las que están en los cielos, como las que están en la tierra.

EFESIOS 1.7-10 RVR1960

Dicen: «¡Que Dios se apure, que apresure su obra para que la veamos; que se acerque y se cumpla el plan del Santo de Israel, para que lo conozcamos!».

ISAÍAS 5.19 NVI

No imiten las conductas ni las costumbres de este mundo, más bien dejen que Dios los transforme en personas nuevas al cambiarles la manera de pensar. Entonces aprenderán a conocer la voluntad de Dios para ustedes, la cual es buena, agradable y perfecta.

ROMANOS 12.2 NTV

Así que tengan cuidado de su manera de vivir. No vivan como necios sino como sabios, aprovechando al máximo cada momento oportuno, porque los días son malos. Por tanto, no sean insensatos, sino entiendan cuál es la voluntad del Señor... Sean llenos del Espíritu.

EFESIOS 5.15-18 NVI

Amen desde el núcleo central de quienes son; no finjan. Huyan del diablo para salvar su vida; aférrense a lo bueno. Sean buenos amigos que aman profundamente; practiquen el estar en segundo plano. No se quemen; manténganse avivados y con la llama encendida. Sean siervos vigilantes del Señor, con alegre expectación. No abandonen en tiempos difíciles; oren sin tregua. Ayuden a los cristianos necesitados; sean ingeniosos en la hospitalidad.

ROMANOS 12.9-13 MSG [TRADUCCIÓN LITERAL]

Si necesitan sabiduría, pídansela a nuestro generoso Dios, y él se la dará; no los reprenderá por pedirla.

SANTIAGO 1.5 NTV

Dios me escucha

Amado Dios, gracias por estar siempre ahí, por escucharme hablar de las cosas grandes y pequeñas de mi vida. Nunca estás demasiado ocupado para escuchar lo que tengo que decir, y nada es demasiado insignificante para tu atención. En ocasiones olvido que estás ahí, dispuesto y esperando saber de mí, sobre mis problemas o mi gozo por algo maravilloso. Recuérdame tu presencia perdurable, Señor. Amén.

Pues si ustedes, aun siendo malos, saben cómo darles cosas buenas a sus hijos, imagínense cuánto más dispuesto estará su Padre celestial a darles lo que le pidan.

MATEO 7.11 PDT

Cuando llegue ese día, ya no tendrán necesidad de preguntarme nada. Les aseguro que el Padre les concederá todo lo que le pidan en mi nombre. Hasta ahora ustedes no han pedido nada en mi nombre. Pidan y recibirán, para que la alegría de ustedes sea completa.

JUAN 16.23-24 PDT

Esto es lo que quiero que hagas: Busca un lugar tranquilo y recluido para que no sientas la tentación de interpretar un papel delante de Dios. Tan solo estate allí con tanta sencillez y sinceridad como puedas. El enfoque pasará de ti a Dios y empezarás a sentir su gracia. El mundo está lleno de supuestos guerreros de oración que ignoran la oración. Están llenos de fórmulas, programas y consejo, técnicas de venta para conseguir lo que quieren de Dios. No caigas en ese sinsentido. Estás tratando con tu Padre y él sabe mejor que tú lo que necesitas. Con un Dios así que te ama, puedes orar de un modo muy simple.

MATEO 6.6-11 MSG [TRADUCCIÓN LITERAL]

Atiende, Señor, a mis palabras; toma en cuenta mis gemidos. Escucha mis súplicas, rey mío y Dios mío, porque a ti elevo mi plegaria. Por la mañana, SEÑOR, escuchas mi clamor; por la mañana te presento mis ruegos, y quedo a la espera de tu respuesta.

SALMOS 5.1-3 NVI

Mañana, tarde y noche clamo en medio de mi angustia,
y el Señor oye mi voz.

SALMOS 55.17 NTV

No llorarás más. Ciertamente se apiadará de ti a la voz
de tu clamor; cuando la oiga, te responderá.

ISAÍAS 30.19 LBLA

Orad sin cesar.

1 TESALONICENSES 5.17 RVR1960

Le pedirás a él y te escuchará; y tú cumplirás todas las
promesas que le hiciste.

JOB 22.27 PDT

Oren en el Espíritu en todo momento, con peticiones
y ruegos. Manténganse alerta y perseveren en oración
por todos los santos.

EFESIOS 6.18 NVI

Yo confié sinceramente en el Señor, y él escuchó mi
oración.

SALMOS 40.1 PDT

Si hasta él dio un veredicto justo al final, ¿acaso no
creen que Dios hará justicia a su pueblo escogido
que clama a él día y noche? ¿Seguirá aplazando su
respuesta?

LUCAS 18.7 NTV

Gozosos en la esperanza; sufridos en la tribulación;
constantes en la oración.

ROMANOS 12.12 RVR1960

Si ustedes creen, recibirán todo lo que pidan en oración.

MATEO 21.22 PDT

… y se humilla mi pueblo sobre el cual es invocado mi nombre, y oran, buscan mi rostro y se vuelven de sus malos caminos, entonces yo oiré desde los cielos, perdonaré su pecado y sanaré su tierra.

2 CRÓNICAS 7.14 LBLA

Entonces ustedes me llamarán, vendrán y orarán, y yo los escucharé. Me buscarán y me encontrarán cuando me busquen de todo corazón.

JEREMÍAS 29.12-13 PDT

Dios está ahí, escuchando a todos los que oran, los que oran de verdad.

SALMOS 145.18 MSG [TRADUCCIÓN LITERAL]

Así que acerquémonos con toda confianza al trono de la gracia de nuestro Dios. Allí recibiremos su misericordia y encontraremos la gracia que nos ayudará cuando más la necesitemos.

HEBREOS 4.16 NTV

El Señor detesta el sacrificio de los perversos, pero se deleita con las oraciones de los íntegros.

PROVERBIOS 15.8 NTV

Antes de que me pidan, yo les contestaré. Mientras estén todavía hablándome, yo les responderé.

ISAÍAS 65.24 PDT

Por eso, confiésense unos a otros sus pecados, y oren unos por otros, para que sean sanados. La oración del justo es poderosa y eficaz.

SANTIAGO 5.16 NVI

Y esta es la confianza (la seguridad, el privilegio de la valentía) que tenemos delante de Él, [estamos seguros de] que si pedimos cualquier cosa conforme a su voluntad (de acuerdo con su propio plan), Él nos oye. Y si (dado que) sabemos [positivamente] que Él nos oye en cualquier cosa que pidamos, sabemos [con conocimiento estable y absoluto] que tenemos las peticiones [concedidas como posesiones nuestras presentes] que le hemos hecho.

1 JUAN 5.14-15 LBLA

De igual manera, el Espíritu nos ayuda en nuestra debilidad. Por ejemplo, cuando no sabemos qué pedirle a Dios, el Espíritu mismo le pide a Dios por nosotros. El Espíritu le habla a Dios a través de gemidos imposibles de expresar con palabras.

ROMANOS 8.26 PDT

Quiero que los hombres oren en todas partes. Los que levanten las manos a Dios para orar deben vivir para agradar a Dios y consagrarse a él, sin dejarse enojar ni meterse en discusiones.

1 TIMOTEO 2.8 PDT

Por nada estéis afanosos; antes bien, en todo, mediante oración y súplica con acción de gracias, sean dadas a conocer vuestras peticiones delante de Dios. Y la paz de Dios, que sobrepasa todo entendimiento, guardará vuestros corazones y vuestras mentes en Cristo Jesús.

FILIPENSES 4.6-7 LBLA

¡Que alaben al Señor por su amor, por sus maravillas con el ser humano!

SALMOS 107.15 BLPH

Ésta es la oración al Dios de mi vida: que de día el SEÑOR mande su amor, y de noche su canto me acompañe.

SALMOS 42.8 NVI

Además os digo, que si dos de vosotros se ponen de acuerdo [están en armonía, forman una sinfonía juntos] sobre cualquier cosa [algo y todo] que pidan aquí en la tierra, les será hecho por mi Padre que está en los cielos. Porque donde están dos o tres reunidos (atraídos juntos como seguidores míos) en mi nombre, allí estoy yo en medio de ellos.

MATEO 18.19-20 LBLA

Ellos hicieron que el pobre le pidiera ayuda a Dios, y él oyó la queja de los oprimidos.

JOB 34.28 PDT

Si alguien está en problemas, que ore a Dios. Si alguien está feliz, que cante alabanzas. Si alguno está enfermo, que haga llamar a los ancianos líderes de la iglesia para que oren por él y para que lo unjan con aceite en el nombre del Señor. Si esa oración es hecha con fe, sanará al enfermo y el Señor lo levantará. Si ha pecado, el Señor lo perdonará.

Santiago 5.13-15 PDT

Por eso, que todo santo ore a ti en el tiempo en que puedas ser hallado; ciertamente, en la inundación de muchas aguas, no llegarán éstas a él.

Salmos 32.6 LBLA

«Están familiarizados con la Antigua ley escrita: "Amen a su amigo" y su compañero no escrito "Odien a su enemigo". Yo lo desafío. Les digo que amen a sus enemigos. Que saquen lo mejor de ustedes y no lo peor. Cuando alguien se lo haga pasar mal, respondan con las energías de la oración, porque entonces estarán actuando desde su verdadero "yo", el que Dios ha creado".

Mateo 5.43-44 MSG [traducción literal]

Por eso os digo que todas las cosas por las que oréis y pidáis, creed (confíen y estad seguros de) que ya las habéis recibido, y os serán concedidas.

Marcos 11.24 LBLA

Apartaos de mí, todos los que hacéis iniquidad, porque el Señor ha oído la voz de mi llanto. El Señor ha escuchado mi súplica; el Señor recibe mi oración.

SALMOS 6.8-9 LBLA

Pero ciertamente Dios me ha oído; Él atendió a la voz de mi oración. Bendito sea Dios, que no ha desechado mi oración, ni apartado de mí su misericordia [como siempre está conmigo].

SALMOS 66.19-20 LBLA

«Cuando clamen a mí, cuando vengan y oren a mí, escucharé».

JEREMÍAS 29.12 MSG [TRADUCCIÓN LITERAL]

Y nosotros persistiremos en la oración y en el ministerio de la palabra.

HECHOS 6.4 RVR1960

Gozosos en la esperanza; sufridos en la tribulación; constantes en la oración.

ROMANOS 12.12 RVR1960

Oren en el Espíritu en todo momento, con peticiones y ruegos. Manténganse alerta y perseveren en oración por todos los santos.

EFESIOS 6.18 NVI

Pedid, y se os dará; buscad, y hallaréis; llamad, y se os abrirá. Porque todo el que pide, recibe; y el que busca, halla; y al que llama, se le abrirá.

MATEO 7.7-8 LBLA

¿Qué debo hacer entonces? Oraré en el espíritu y también oraré con palabras que entiendo. Cantaré en el espíritu y también cantaré con palabras que entiendo.

1 CORINTIOS 14.15 NTV

Me invocará, y yo le responderé.

SALMOS 91.15 RVR1960

Por cuanto él inclina a mí su oído, lo invocaré toda mi vida.

SALMOS 116.2 NVI

Dios está siempre conmigo

Padre celestial, en la Biblia dice que nunca me dejarás ni me abandonarás. Te ruego que me recuerdes tu Palabra cuando me siento sola o cuando parece que no le importo a nadie. Y cuando me da la sensación de que estás lejos, recuérdame que no es porque me hayas dejado, sino porque no estoy alargando mis brazos para encontrarte. Gracias por tu seguridad, Señor. Es consolador saber que nada puede separarme de tu presencia ni de tu amor. Amén.

¿Existe algún lugar donde pueda evitar tu Espíritu?
¿Donde pueda estar fuera de tu vista? ¡Si subo al
cielo, allí estás! ¡Si me meto bajo tierra, allí estás!
Si vuelo en las alas de la mañana al más remoto
horizonte occidental, me encontrarás en un minuto;
¡estarás ya allí, aguardando! Entonces me dije a mí
mismo: «¡Oh, si incluso me ves en la oscuridad! ¡De
noche estoy inmerso en la luz!». Es un hecho: las
tinieblas no son oscuras para ti; la noche y el día, la
oscuridad y la luz, para ti todo es igual.

SALMOS 139.7-10 MSG [TRADUCCIÓN LITERAL]

Mi antiguo yo ha sido crucificado con Cristo. Ya no
vivo yo, sino que Cristo vive en mí. Así que vivo en este
cuerpo terrenal confiando en el Hijo de Dios, quien me
amó y se entregó a sí mismo por mí.

GÁLATAS 2.20 NTV

Por tanto, reconoce hoy y reflexiona en tu [mente y]
corazón, que el SEÑOR es Dios arriba en los cielos y
abajo en la tierra; no hay otro.

DEUTERONOMIO 4.39 LBLA

Pero ¿será posible, Dios mío, que tú habites en la
tierra? Si los cielos, por altos que sean, no pueden
contenerte, ¡mucho menos este templo que he
construido!

1 REYES 8.27 NVI

El ángel del Señor acampa alrededor de los que le
temen, y los rescata. Probad y ved que el Señor es
bueno. ¡Cuán bienaventurado es el hombre que en Él se
refugia!

SALMOS 34.7-8 RVR1960

Dios es bueno, un lugar de refugio en los tiempos difíciles. Reconoce y acoge a cualquiera que busque ayuda, independientemente de lo desesperado que sea el problema.

NAHÚM 1.7 MSG [TRADUCCIÓN LITERAL]

Si somos infieles, Él permanece fiel, pues no puede negarse a sí mismo.

2 TIMOTEO 2.13 LBLA

No me eches de tu presencia, y no quites de mí tu Santo Espíritu.

SALMOS 51.11 LBLA

¿Acaso no saben que su cuerpo es templo del Espíritu Santo, quien está en ustedes y al que han recibido de parte de Dios? Ustedes no son sus propios dueños; fueron comprados por un precio. Por tanto, honren con su cuerpo a Dios.

1 CORINTIOS 6.19-20 NVI

Permaneced en mí, y yo en vosotros. Como el pámpano no puede llevar fruto por sí mismo, si no permanece en la vid, así tampoco vosotros, si no permanecéis en mí. Yo soy la vid, vosotros los pámpanos; el que permanece en mí, y yo en él, éste lleva mucho fruto; porque separados de mí nada podéis hacer.

JUAN 15.4-5 RVR1960

—¡La paz sea con ustedes! —repitió Jesús—. Como el Padre me envió a mí, así yo los envío a ustedes. Acto seguido, sopló sobre ellos y les dijo: Reciban el Espíritu Santo.

JUAN 20.21-22 NVI

Mas el Consolador, el Espíritu Santo, a quien el Padre
enviará en mi nombre, él os enseñará todas las cosas, y
os recordará todo lo que yo os he dicho.

JUAN 14.26 RVR1960

Pero recibirán poder cuando el Espíritu Santo
descienda sobre ustedes; y serán mis testigos, y le
hablarán a la gente acerca de mí en todas partes: en
Jerusalén, por toda Judea, en Samaria y hasta los
lugares más lejanos de la tierra.

HECHOS 1.8 NTV

Mientras tanto, en el momento que nos cansamos de
esperar, el Espíritu de Dios está justo a nuestro lado
ayudándonos. Si no sabemos cómo o qué orar, no
importa. Él eleva nuestra oración en y por nosotros,
haciendo que esta salga de nuestros suspiros sin
palabras, de nuestros gemidos de dolor. Él nos conoce
mucho mejor que nosotros mismos, conoce nuestra
elocuencia y nos mantiene presentes delante de Dios.
Por esta razón podemos estar tan seguros que cada
detalle de nuestra vida de amor hacia Dios se convierte
en algo bueno.

ROMANOS 8.26-28 MSG [TRADUCCIÓN LITERAL]

Porque estoy convencido (estoy seguro de) de que ni
la muerte, ni la vida, ni ángeles, ni principados, ni lo
presente, ni lo por venir, ni los poderes, ni lo alto, ni
lo profundo, ni ninguna otra cosa creada nos podrá
separar del amor de Dios que es en Cristo Jesús Señor
nuestro.

ROMANOS 8.38-39 LBLA

Pues si ustedes, aun siendo malos, saben cómo darles cosas buenas a sus hijos, imagínense cuánto más dispuesto estará su Padre celestial a darles el Espíritu Santo a aquellos que le piden.

LUCAS 11.13 PDT

Nosotros no hemos recibido el espíritu del mundo sino el Espíritu que procede de Dios, para que entendamos lo que por su gracia él nos ha concedido.

1 CORINTIOS 2.12 NVI

En cambio, la clase de fruto que el Espíritu Santo produce en nuestra vida es: amor, alegría, paz, paciencia, gentileza, bondad, fidelidad.

GÁLATAS 5.22 NTV

Y yo rogaré al Padre, y os dará otro Consolador, para que esté con vosotros para siempre.

JUAN 14.16 RVR1960

«¿Soy acaso Dios solo de cerca? —dice el Señor—, no, al mismo tiempo estoy lejos. ¿Puede alguien esconderse de mí en algún lugar secreto? ¿Acaso no estoy en todas partes en los cielos y en la tierra?», dice el Señor.

JEREMÍAS 23.23-24 NTV

Y la esperanza no avergüenza; porque el amor de Dios ha sido derramado en nuestros corazones por el Espíritu Santo que nos fue dado.

ROMANOS 5.5 RVR1960

Pero Dios aprueba al que cree en él sin que se gane eso con obras, Dios le toma en cuenta la fe y lo aprueba. Hasta el pecador es aprobado por Dios.

ROMANOS 4.5 PDT

Pero cuando se manifestó la bondad de Dios nuestro Salvador, y su amor hacia la humanidad [como hombre], Él nos salvó, no por obras de justicia que nosotros hubiéramos hecho, sino conforme a su misericordia, por medio del lavamiento [baño] de la regeneración (nuevo nacimiento) y la renovación por el Espíritu Santo, que Él derramó sobre nosotros [tan] abundantemente por medio de Jesucristo nuestro Salvador.

TITO 3.4-6 LBLA

Cristo vino y les predicó la paz a ustedes, gente de afuera y la paz a nosotros, los de dentro. Nos trató como a iguales y nos hizo iguales. Por medio de él compartimos el mismo Espíritu y tenemos igual acceso al Padre.

EFESIOS 2.17-18 MSG [TRADUCCIÓN LITERAL]

Y Él respondió: Mi presencia irá contigo, y yo te daré descanso.

ÉXODO 33.14 LBLA

Al de carácter firme lo guardarás en perfecta paz, porque en ti confía. Confíen en el Señor para siempre, porque el Señor es una Roca eterna.

ISAÍAS 26.3-4 NVI

Él [Dios] mismo ha dicho, de ningún modo te fallaré ni te abandonaré, ni te dejaré sin apoyo. No [lo haré], no [lo haré], ¡no te dejaré desvalido ni te abandonaré (ni aflojaré mi agarre sobre ti)! [¡Desde luego que no!]
     Hebreos 13.5 amp [traducción literal]

Gracias a Cristo y a nuestra fe en él, podemos entrar en la presencia de Dios con toda libertad y confianza.
     Efesios 3.11-13 ntv

Fue él quien me libró de tan graves peligros de muerte; y continuará librándome, pues he puesto en él la esperanza de que así lo hará.
     2 Corintios 1.10 blph

El hecho fundamental de la existencia es que esta confianza en Dios, esta fe, es el firme fundamento que subyace a todo lo que hace que la vida merezca la pena. Es nuestro agarre sobre lo que no podemos ver. El acto de fe es lo que distinguió a nuestros antepasados, los puso por encima de la multitud.
     Hebreos 11.1-2 msg [traducción literal]

Dios cumple sus promesas

Amado Señor, he aprendido que las personas —incluso las que me aman— me decepcionarán a menudo por no cumplir sus promesas. En esos momentos de desilusión, necesito que me recuerdes que tú eres perfecto y que nunca te echas atrás en lo prometido. Ayúdame a confiar en tus promesas, Señor. Dame la fuerza y el valor de ser más como tú cada día, para que pueda honrar las promesas que les hago a otros. Amén.

Y sabemos que a los que aman a Dios, todas las cosas les ayudan a bien, esto es, a los que conforme a su propósito son llamados.

ROMANOS 8.28 RVR1960

Señor, los cielos te alabarán por tus maravillas. En la asamblea de los santos ángeles se alaba tu fidelidad.

SALMOS 89.5 PDT

Reconoce, por lo tanto, que el SEÑOR tu Dios es verdaderamente Dios. Él es Dios fiel, quien cumple su pacto por mil generaciones y derrama su amor inagotable sobre quienes lo aman y obedecen sus mandatos.

DEUTERONOMIO 7.9 NTV

El hombre fiel recibirá muchas bendiciones; el que tiene prisa por enriquecerse no quedará impune.

PROVERBIOS 28.20 NVI

Esta verdad les da la confianza de que tienen la vida eterna, la cual Dios —quien no miente— les prometió antes de que comenzara el mundo.

TITO 1.2 NTV

¿Quién es, pues, el siervo fiel y prudente a quien su señor puso sobre los de su casa para que les diera la comida a su tiempo? Dichoso (feliz, afortunado y ser envidiado) aquel siervo a quien, cuando su señor venga, lo encuentre haciendo así. De cierto os digo que lo pondrá sobre todos sus bienes.

MATEO 24.45-47 LBLA

Por eso, así dice el Señor Dios: Voy a poner una piedra en Sión, una piedra resistente, una valiosa piedra angular, firme, que sirva de base; el que crea no se tambaleará.

ISAÍAS 28.16 BLPH

Si somos infieles, él permanece fiel, pues él no puede negar quién es.

2 TIMOTEO 2.13 NTV

El Señor no se tarda en cumplir su promesa, según algunos entienden la tardanza, sino que es paciente (extraordinariamente paciente) para con vosotros, no queriendo que nadie perezca, sino que todos vengan al arrepentimiento.

2 PEDRO 3.9 LBLA

Porque el Señor tu Dios es un Dios compasivo, que no te abandonará ni te destruirá, ni se olvidará del pacto que mediante juramento hizo con tus antepasados.

DEUTERONOMIO 4.31 NVI

Mantengamos fielmente la esperanza que profesamos porque quien ha hecho la promesa es fiel.

HEBREOS 10.23 BLPH

Si permaneces fiel, incluso cuando te enfrentes a la muerte, te daré la corona de la vida.

APOCALIPSIS 2.10 NTV

Dios no es un ser humano para que mienta o cambie de opinión. ¿Acaso él no hace lo que dice, o no cumple lo que promete?

NÚMEROS 23.19 PDT

Bendito sea el Señor, que ha dado reposo a su pueblo Israel, conforme a todo lo que prometió; ninguna palabra ha fallado de toda su buena promesa que hizo por medio de su siervo Moisés.

1 REYES 8.56 LBLA

Las Escrituras dicen que del interior del que cree en mí saldrán ríos de agua viva.

JUAN 7.38 PDT

La paz os dejo, mi paz os doy; yo no os la doy como el mundo la da. No se turbe vuestro corazón, ni tenga miedo.

JUAN 14.27 RVR1960

Guíame en Tu verdad y enséñame, porque Tú eres el Dios de mi salvación; en Ti espero todo el día.

SALMOS 25.5 NBLH

Durante la cena, Jesús tomó el pan y lo bendijo, lo partió y se lo dio a sus discípulos: Tomen, coman. Este es mi cuerpo. Tomando la copa y dando gracias a Dios, se la entregó a ellos: Beban de esto todos ustedes. Esta es mi sangre, el nuevo pacto de Dios derramado por muchas personas, para perdón de los pecados. «No volveré a beber vino de esta copa hasta ese nuevo día en que beberé con ustedes en el reino de mi Padre».

MATEO 26.26-29 MSG [TRADUCCIÓN LITERAL]

Jesús le dijo: «¿Cómo si tú puedes?». Todas las cosas son posibles para el que cree.

MARCOS 9.23 LBLA

Jesús les respondió: «Les digo la verdad: si ustedes tienen fe y no dudan, no solamente serán capaces de hacer lo que yo hice con la higuera. Es más, podrán decirle a esta montaña: —Levántate y lánzate al mar— y así sucederá. Si ustedes creen, recibirán todo lo que pidan en oración».

MATEO 21.21-22 PDT

Tu fidelidad dura por generaciones, tú fundaste la tierra y ella persiste.

SALMOS 119.90 BLPH

Pero el Señor es fiel, y él los fortalecerá y los protegerá del maligno.

2 TESALONICENSES 3.3 NVI

Y dijo Dios: Esta es la señal del pacto (promesa solemne) que hago entre yo y vosotros y todo ser viviente que está con vosotros, por todas las generaciones: pongo mi arco [arcoíris] en las nubes y será por señal del pacto entre yo y la tierra. Y acontecerá que cuando haga venir nubes sobre la tierra, se verá el arco en las nubes, y me acordaré [fervientemente] de mi pacto que hay entre yo y vosotros y entre todo ser viviente de toda carne; y nunca más se convertirán las aguas en diluvio para destruir toda carne. Cuando el arco esté en las nubes, lo miraré para acordarme del pacto eterno entre Dios y todo ser viviente de toda carne que está sobre la tierra. Y dijo Dios a Noé: Esta [el arcoíris] es la señal del pacto que he establecido entre yo y toda carne que está sobre la tierra.

GÉNESIS 9.12-17 LBLA

Encomienda al SEÑOR tu camino; confía en él, y él actuará.

SALMOS 37.5 NVI

Como un testamento que entra en vigor cuando alguien muere, el nuevo pacto se puso en acción a la muerte de Jesús. Esta marcó la transición del antiguo plan al nuevo, cancelando las obligaciones antiguas y los pecados que las acompañaban e invitando a los herederos a recibir la herencia eterna que se les había prometido. Juntó a Dios con su nuevo pueblo de esta forma nueva.

HEBREOS 9.16-17 MSG [TRADUCCIÓN LITERAL]

Pero Dios aprueba al que cree en él sin que se gane eso con obras, Dios le toma en cuenta la fe y lo aprueba. Hasta el pecador es aprobado por Dios.

ROMANOS 4.5 PDT

¡Seguidores de Dios, amen al Señor! El Señor protege a los que le son fieles, y les da a los soberbios el castigo que se merecen.

SALMOS 31.23 PDT

La palabra del Señor es justa; fieles son todas sus obras.

SALMOS 33.4 NVI

El Señor es el refugio del oprimido; cuando más lo
necesita (alto costo, destitución y desesperación).
Dios es su fortaleza. Que los que conocen al Señor
[los que han experimentado y están familiarizados
con su misericordia] confíen en él, porque Dios nunca
abandona a los que buscan (preguntan por y procuran)
su ayuda [basándose en la autoridad de la Palabra de
Dios y el derecho de su necesidad].

SALMOS 9.9-10 PDT

El Señor es mi fortaleza y mi escudo, en él mi corazón
confía. Me ha socorrido y estoy alegre, con mis cantos
le doy gracias.

SALMOS 28.7 BLPH

Les ruego encarecidamente que oren para que cuanto
antes se me permita estar de nuevo con ustedes. El
Dios que da la paz levantó de entre los muertos al
gran Pastor de las ovejas, a nuestro Señor Jesús, por
la sangre del pacto eterno. Que él los capacite en todo
lo bueno para hacer su voluntad. Y que, por medio de
Jesucristo, Dios cumpla en nosotros lo que le agrada. A
él sea la gloria por los siglos de los siglos. Amén.

HEBREOS 13.19-21 NVI

En verdad, consideramos dichosos a los que
perseveraron. Ustedes han oído hablar de la
perseverancia de Job, y han visto lo que al final le
dio el Señor. Es que el Señor es muy compasivo y
misericordioso.

SANTIAGO 5.11 NVI

Hoy te he dado a elegir entre la vida y la muerte, entre bendiciones y maldiciones. Ahora pongo al cielo y a la tierra como testigos de la decisión que tomes. ¡Ay, si eligieras la vida, para que tú y tus descendientes puedan vivir! Puedes elegir esa opción al amar, al obedecer y al comprometerte firmemente con el Señor tu Dios. Esa es la clave para tu vida. Y si amas y obedeces al Señor, vivirás por muchos años en la tierra que el Señor juró dar a tus antepasados Abraham, Isaac y Jacob.

DEUTERONOMIO 30.19-20 NTV

Las enseñanzas del Señor son perfectas, reavivan el alma. Los decretos del Señor son confiables, hacen sabio al sencillo.

SALMOS 19.7 NTV

¿Significa esto que la ley se opone a las promesas de Dios? ¡Claro que no! Dios nunca dio una ley que pudiera dar nueva vida al mundo. Si fuera así, podríamos estar aprobados por cumplir la ley. Pero la Escritura encierra a todo el mundo bajo el poder del pecado, para que los que creen puedan recibir por la fe en Jesucristo la nueva vida que Dios prometió.

GÁLATAS 3.21-22 PDT

Son descendientes de Israel; Dios los ha adoptado como hijos y se ha hecho gloriosamente presente en medio de ellos. Les pertenecen la alianza, la ley, el culto y las promesas.

ROMANOS 9.4 BLPH

Jesucristo, el Hijo de Dios, de quien les hemos hablado Silas, Timoteo y yo, no era «sí» y «no» a la vez. Por el contrario, Cristo siempre ha sido el «sí». No importa cuántas promesas haya hecho Dios, Cristo siempre ha sido el «sí» de todas ellas. Por eso, por medio de Jesucristo, cuando alabamos a Dios decimos: «Así sea». Dios nos da la garantía de que ustedes y nosotros pertenecemos a Jesucristo y nos ha consagrado.

2 CORINTIOS 1.19-21 CEV

Dios me conoce

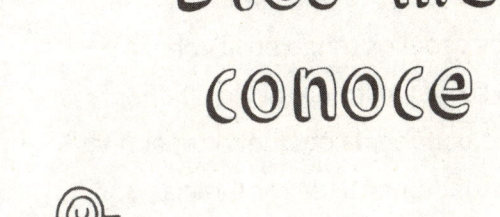

Padre celestial, resulta difícil de imaginar, ¡pero tú me conoces mejor que mis padres! Lo sabes todo de mí, incluso cosas que yo misma desconozco de mí misma, como cuántos cabellos tengo en la cabeza o cómo será el resto de mi vida. Señor, me siento bendecida de que te preocupes tan profundamente de mí. Gracias por amarme tanto que conoces cada detalle personal, hasta mis rarezas. Amén.

No hay nada creado en el mundo que se pueda esconder de Dios; todo está desnudo y expuesto a su vista. Es a él a quien tendremos que rendirle cuentas de nuestra vida.

HEBREOS 4.13 PDT

Por tanto, no os hagáis semejantes a ellos; porque vuestro Padre sabe lo que necesitáis antes que vosotros le pidáis.

MATEO 6.8 LBLA

Vayan, pues, y hagan discípulos a los habitantes de todas las naciones, bautizándolos en el nombre del Padre, del Hijo y del Espíritu Santo, y enseñándoles a cumplir todo lo que yo les he mandado. Y sepan ustedes que yo estoy con ustedes todos los días hasta el fin del mundo.

MATEO 28.19-20 BLPH

¡Señor, pastor mío! No necesito cosa alguna. Me has hecho recostar en exuberantes praderas, hallaste para mí tranquilos estanques de los que beber. Fiel a tu palabra, me dejas recuperar el aliento y me envías en la dirección correcta. Incluso cuando el camino atraviesa el Valle de la Muerte, yo no siento temor si tú caminas a mi lado. Tu confiable cayado de pastor me hace sentir seguro.

SALMOS 23.1-4 MSG [TRADUCCIÓN LITERAL]

El Señor tu Dios está en medio de ti, guerrero victorioso; se gozará en ti con alegría, en su amor guardará silencio, se regocijará por ti con cantos de júbilo.

SOFONÍAS 3.17 RVR1960

Nada ni nadie es santo como Dios, ninguna montaña rocosa es como nuestro Dios. No se atrevan a hablar de forma pretenciosa, ¡ni una sola palabra de jactancia! ¡Nunca! Porque Dios sabe lo que está sucediendo. Él toma la medida de todo lo que ocurre.

1 SAMUEL 2.3 MSG [TRADUCCIÓN LITERAL]

Solo piensa una cosa: no necesitas nada, ¡porque lo tienes todo! Todos los dones de Dios están justo delante de ti, mientras esperas con expectación que nuestro Señor Jesús aparezca en escena para la escena final. Y no solo eso, sino que Dios mismo está a tu lado para mantenerte constante y por buen camino hasta que Jesús envuelva todas las cosas. Dios, que te hizo empezar esta aventura espiritual, comparte con nosotros la vida de su Hijo y de nuestro Señor Jesús. Nunca te dará por perdido. No lo olvides jamás.

1 CORINTIOS 1.7-9 MSG [TRADUCCIÓN LITERAL]

Yo vi al Señor siempre delante de mí, y él está a mi derecha para protegerme. Estoy feliz y hablo lleno de alegría. Todavía tengo esperanzas, porque no me dejarás en el lugar de los muertos ni permitirás que el cuerpo de tu Santo se pudra en el sepulcro.

HECHOS 2.25-27 PDT

Él determina el número de las estrellas y a todas ellas les pone nombre.

SALMOS 147.4 NVI

Qué grande es la riqueza de Dios, qué enorme su sabiduría y entendimiento. Nadie puede explicar las decisiones de Dios, ni puede entender lo que hace y cómo lo hace.

ROMANOS 11.33 PDT

Y él les tiene contados a ustedes aun los cabellos de la cabeza.

MATEO 10.30 NVI

Reconoce, por lo tanto, que el Señor tu Dios es verdaderamente Dios. Él es Dios fiel, quien cumple su pacto por mil generaciones y derrama su amor inagotable sobre quienes lo aman y obedecen sus mandatos.

DEUTERONOMIO 7.9 NTV

Él nos conoce mucho mejor que nosotros mismos, conoce nuestra elocuencia y nos mantiene presentes delante de Dios. Por esa razón podemos estar tan seguros de que cada detalle de nuestra vida de amor hacia Dios se convierte en algo bueno.

ROMANOS 8.28 MSG [TRADUCCIÓN LITERAL]

Y si alguno se imagina que sabe algo, aún no sabe nada como debe saberlo. Pero si alguno ama a Dios, es conocido por él.

1 CORINTIOS 8.2-3 RVR1960

Esta vida de resurrección que recibieron de Dios
no es una vida tímida destinada a la tumba. Es
atrevidamente expectante y saluda a Dios como lo
haría un niño: «¿Y ahora qué, Papá?». El Espíritu de
Dios toca nuestro espíritu y confirma quiénes somos
en realidad. Sabemos quién es y sabemos quiénes
somos: Padre e hijos. Y sabemos que tendremos lo que
está por llegarnos: ¡una herencia increíble! Pasamos
exactamente por lo que Cristo pasa. ¡Si atravesamos
los momentos difíciles con él, con toda seguridad
pasaremos los buenos tiempos con él!

ROMANOS 8.15-17 MSG [TRADUCCIÓN LITERAL]

De igual manera, el Espíritu nos ayuda en nuestra
debilidad. Por ejemplo, cuando no sabemos qué pedirle
a Dios, el Espíritu mismo le pide a Dios por nosotros.
El Espíritu le habla a Dios a través de gemidos
imposibles de expresar con palabras.

ROMANOS 8.26 PDT

Examíname, oh Dios, y sondea mi corazón; ponme a
prueba y sondea mis pensamientos. Fíjate si voy por
mal camino, y guíame por el camino eterno.

SALMOS 139.23-24 NVI

Antes bien, como está escrito: Cosas que ojo no vio, ni
oído oyó, ni han subido en corazón de hombre, son las
que Dios ha preparado para los que le aman.

1 CORINTIOS 2.9 RVR1960

En cuanto a ti, Salomón, hijo mío, reconoce al Dios de tu padre, y sírvele de todo corazón y con ánimo dispuesto; porque el Señor escudriña todos los corazones, y entiende todo intento de los pensamientos. Si lo buscas, Él te dejará que lo encuentres; pero si lo abandonas, Él te rechazará para siempre.

1 CRÓNICAS 28.9 NBLH

El Señor mira desde los cielos; Él ve a todos los hijos de los hombres. Desde el lugar de su morada Él observa [intensamente] a todos los habitantes de la tierra; Él, que modela el corazón de cada uno de ellos; Él, que todas las obras de ellos entiende.

SALMOS 33.13-15 LBLA

No, Dios no ha rechazado a su propio pueblo, al cual eligió desde el principio.

ROMANOS 11.2 NTV

Alabado sea el Dios y Padre de nuestro Señor Jesucristo, Padre misericordioso y Dios de toda consolación, quien nos consuela en todas nuestras tribulaciones para que con el mismo consuelo que de Dios hemos recibido, también nosotros podamos consolar a todos los que sufren. Pues así como participamos abundantemente en los sufrimientos de Cristo, así también por medio de él tenemos abundante consuelo.

2 CORINTIOS 1.3-5 NVI

En otro tiempo no conocían a Dios y estaban al servicio de falsos dioses. Pero ahora que ya conocen a Dios o, mejor dicho, ahora que Dios los conoce, ¿cómo es que vuelven a dejarse esclavizar por esas realidades mundanas que no tienen fuerza ni valor?

GÁLATAS 4.8-9 BLPH

Pero el Señor le dijo a Samuel: «No juzgues por su apariencia o por su estatura, porque yo lo he rechazado. El Señor no ve las cosas de la manera en que tú las ves. La gente juzga por las apariencias, pero el Señor mira el corazón».

1 SAMUEL 16.7 NTV

Y que nuestro Señor Jesucristo mismo, y Dios nuestro Padre, que nos amó y nos dio consuelo eterno y buena esperanza por gracia, consuele sus corazones y los afirme en toda obra y palabra buena.

2 TESALONICENSES 2.16-17 PDT

Pero incluso allí, si buscan a Dios, el Dios de ustedes, podrán encontrarlo si son serios y lo buscan con todo su corazón y su alma. Cuando lleguen las dificultades y les ocurra todas esas cosas terribles, en días futuros, regresarán a Dios, el Dios de ustedes, y escucharán obedientemente a lo que él diga. Dios, el Dios de ustedes, es por encima de todo un Dios compasivo. Al final, no los abandonará, no los llevará a la ruina, no olvidará el pacto que juró con sus antepasados.

DEUTERONOMIO 4.29-31 MSG [TRADUCCIÓN LITERAL]

Dios me ama

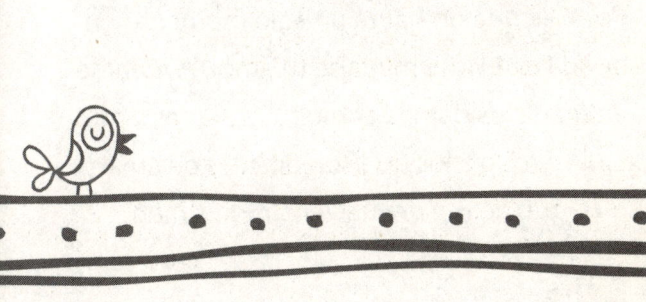

Amado Señor, tu capacidad de amar es más que asombrosa. Amas con un amor sacrificial que no me nace naturalmente. ¡Hasta enviaste a tu propio Hijo para que muriera por un mundo que no merecía tu amor! Por ti sé que no habrá un solo momento en mi vida en el que me falte tu amor. Ayúdame a amar a los demás como tú me amas a mí, sobre todo a los que son difíciles de amar o que no me devuelven amor. Amén.

Todo aquel que confiesa que Jesús es el Hijo de Dios, Dios permanece en él y él en Dios. Y nosotros hemos llegado a conocer y hemos creído el amor que Dios tiene para nosotros. Dios es amor, y el que permanece en amor permanece en Dios y Dios permanece en él.

1 JUAN 4.15-16 LBLA

En esto consiste el amor verdadero: no en que nosotros hayamos amado a Dios, sino en que él nos amó a nosotros y envió a su Hijo como sacrificio para quitar nuestros pecados.

1 JUAN 4.10 NTV

Dios no se aparta de todos los que lo aman, pero para quienes no lo hacen, todo ha acabado.

SALMOS 145.20 MSG [TRADUCCIÓN LITERAL]

Dios amó tanto al mundo que dio a su Hijo único para que todo el que crea en él no se pierda, sino que tenga vida eterna.

JUAN 3.16 PDT

Podemos entender que alguien muera por una persona que se lo merece, y también comprendemos cómo alguien bueno y noble podría inspirarnos a hacer un sacrificio abnegado. Sin embargo, Dios puso su amor por nosotros en juego ofreciendo a su Hijo en muerte sacrificial cuando aún no le éramos de utilidad.

ROMANOS 5.7-8 MSG [TRADUCCIÓN LITERAL]

Miren lo grande que es el amor que el Padre nos ha mostrado, ¡hasta llega a hacer posible que seamos llamados hijos de Dios! Y eso es lo que de verdad somos.

1 JUAN 3.1 PDT

Y Dios ha demostrado que nos ama enviando a su Hijo único al mundo para que tengamos vida por medio de él.

1 JUAN 4.9 BLPH

Yo corregiré su rebeldía y los amaré de pura gracia, porque mi ira contra ellos se ha calmado.

OSEAS 14.4 NVI

A eso se refieren las Escrituras cuando dicen: «Ningún ojo ha visto, ningún oído ha escuchado, ninguna mente ha imaginado lo que Dios tiene preparado para quienes lo aman».

1 CORINTIOS 2.9 NTV

Porque estoy convencido (estoy seguro) de que ni la muerte, ni la vida, ni ángeles, ni principados, ni lo presente, ni lo por venir, ni los poderes, ni lo alto, ni lo profundo, ni ninguna otra cosa creada nos podrá separar del amor de Dios que es en Cristo Jesús Señor nuestro.

ROMANOS 8.38-39 LBLA

Y esta esperanza no nos defrauda, porque Dios ha derramado su amor en nuestro corazón por el Espíritu Santo que nos ha dado.

ROMANOS 5.5 NVI

«Les he dicho estas cosas con un propósito: que mi gozo pueda ser el gozo de ustedes, y que ese gozo sea maduro por completo. Este es mi mandamiento: Ámense los unos a los otros como yo los he amado. Esta es la mejor forma de amar. Arriesguen su vida por sus amigos. Ustedes son mis amigos cuando hacen las cosas que les ordeno».

JUAN 15.11-13 MSG [TRADUCCIÓN LITERAL]

Entonces, como escogidos (los representantes que Él ha seleccionado) de Dios, [que sois] santos y amados [por Dios mismo], revestíos de [al vestirse de una conducta marcada por la] tierna compasión, bondad, humildad, mansedumbre y paciencia [que no se cansa y aguanta y tiene el poder de soportar cualquier cosa que llegue con serenidad].

COLOSENSES 3.12 LBLA

Confiamos en el Señor de que ustedes cumplen y seguirán cumpliendo lo que les hemos enseñado. Que el Señor los lleve a amar como Dios ama, y a perseverar como Cristo perseveró.

2 TESALONICENSES 3.4-5 NVI

Pues el Señor tu Dios vive en medio de ti. Él es un poderoso Salvador. Se deleitará en ti con alegría. Con su amor calmará todos tus temores. Se gozará por ti con cantos de alegría.

SOFONÍAS 3.17 NTV

Mas el que se gloríe, gloríese de esto: de que me entiende y me conoce, pues yo soy el Señor que hago misericordia, derecho y justicia en la tierra, porque en estas cosas me complazco —declara el Señor.

JEREMÍAS 9.24 RVR1960

Bendice, alma mía, al Señor, no te olvides de sus favores. Él perdona todos tus pecados, él sana todos tus males; él libra tu vida de la fosa, te corona de amor y de ternura.

SALMOS 103.2-4 BLPH

Hace tiempo el Señor le dijo a Israel: «Yo te he amado, pueblo mío, con un amor eterno. Con amor inagotable te acerqué a mí».

JEREMÍAS 31.3 NTV

Examíname, oh Señor, y pruébame; escudriña mi mente y mi corazón. Porque delante de mis ojos está tu misericordia, y en tu verdad he andado [fielmente].

SALMOS 26.2-3 LBLA

¡Cuán exquisito es tu amor, Oh Dios! Cuánto ansiamos correr y meternos bajo tus alas, comer hasta saciarnos del banquete que despliegas mientras llenas nuestras jarras con agua del manantial del Edén. Eres una fuente de luz en cascada y abres nuestros ojos a la luz.

SALMOS 36.7-9 MSG [TRADUCCIÓN LITERAL]

Nosotros amamos porque Dios nos amó primero.

1 JUAN 4.19 PDT

El Señor descendió en la nube y se puso junto a Moisés. Luego le dio a conocer su nombre: pasando delante de él, proclamó: «El Señor, el Señor, Dios clemente y compasivo, lento para la ira y grande en amor y fidelidad, que mantiene su amor hasta mil generaciones después, y que perdona la iniquidad, la rebelión y el pecado; pero que no deja sin castigo al culpable, sino que castiga la maldad de los padres en los hijos y en los nietos, hasta la tercera y la cuarta generación».

ÉXODO 34.5-7 NVI

«Yo los he amado», dice el Señor.

MALAQUÍAS 1.2 NVI

Reconoce, por lo tanto, que el Señor tu Dios es verdaderamente Dios. Él es Dios fiel, quien cumple su pacto por mil generaciones y derrama su amor inagotable sobre quienes lo aman y obedecen sus mandatos.

DEUTERONOMIO 7.9 NTV

¡Da gracias al Señor! Él merece tu acción de gracias. Su amor es para siempre. Da gracias al Dios de todos los dioses, su amor es eterno. Da gracias al Señor de todos los señores. Su amor es para siempre.

SALMOS 136.1-3 MSG [TRADUCCIÓN LITERAL]

Pero yo soy como un árbol de olivo frondoso del templo de Dios. Siempre confío y confiaré en el fiel amor de Dios.

SALMOS 52.8 PDT

Sed, pues, imitadores de Dios como hijos amados. Y andad en amor, como también Cristo nos amó, y se entregó a sí mismo por nosotros, ofrenda y sacrificio a Dios en olor fragante.

EFESIOS 5.1-3 RVR1960

Por tanto, acerquémonos con confianza al trono de la gracia para que recibamos misericordia, y hallemos gracia para la ayuda oportuna [la ayuda adecuada en el momento preciso, que llega justo cuando se la necesita].

HEBREOS 4.16 LBLA

Mi Dios, mi roca, en quien encuentro protección. Él es mi escudo, el poder que me salva y mi lugar seguro. Él es mi refugio, mi Salvador, el que me libra de la violencia.

2 SAMUEL 22.3 NTV

Yo amo a los que me aman, y me hallan los que temprano me buscan.

PROVERBIOS 8.17 RVR1960

Ten compasión de mí, oh Dios, conforme a tu gran amor; conforme a tu inmensa bondad, borra mis transgresiones. Lávame de toda mi maldad y límpiame de mi pecado. Yo reconozco mis transgresiones; siempre tengo presente mi pecado. Contra ti he pecado, sólo contra ti, y he hecho lo que es malo ante tus ojos; por eso, tu sentencia es justa y tu juicio, irreprochable.

SALMOS 51.1-4 NVI

Todos ustedes... han sido elegidos por Dios con amor
para formar parte de su pueblo.

ROMANOS 1.7 BLPH

¿Quién es el que me ama? El que hace suyos mis
mandamientos y los obedece. Y al que me ama,
mi Padre lo amará, y yo también lo amaré y me
manifestaré a él.

JUAN 14.21 NVI

«Así amó Dios al mundo: Dio a su Hijo, su único Hijo.
Y esta es la razón: para que no hubiera necesidad de
destruir a nadie; creyendo en él, cualquiera puede
tener una vida entera y eterna. Dios no se tomó toda
la molestia de enviar a su Hijo para que se limitara a
levantar contra nosotros un dedo acusador y le dijera
al mundo lo malo que era. Vino a ayudar, a arreglar el
mundo».

JUAN 3.16-17 [TRADUCCIÓN LITERAL]

Pero yo confío en tu amor inagotable; me alegraré
porque me has rescatado.

SALMOS 13.5 NTV

Como el Padre me ha amado, así también yo os he
amado; permaneced en mi amor. Si guardareis mis
mandamientos, permaneceréis en mi amor; así como
yo he guardado los mandamientos de mi Padre, y
permanezco en su amor.

JUAN 15.9-10 RVR1960

En cuanto al amor fraternal, no necesitan que les escribamos, porque Dios mismo les ha enseñado a amarse unos a otros.

1 Tesalonicenses 4.9 NVI

Un mandamiento nuevo os doy: Que os améis unos a otros; como yo os he amado, que también os améis unos a otros. En esto conocerán todos que sois mis discípulos, si tuviereis amor los unos con los otros.

Juan 13.34-35 RVR1960

Pues el mismo Padre los ama porque ustedes me aman a mí y han creído que yo he venido de Dios.

Juan 16.27 BLPH

Pero Dios demuestra su [propio] amor para con nosotros, en que siendo aún pecadores, Cristo (el Mesías, el Ungido) murió por nosotros.

Romanos 5.8 LBLA

El Dios que hizo el mundo y todo lo que hay en él es Señor del cielo y de la tierra. No vive en templos construidos por hombres, ni se deja servir por manos humanas, como si necesitara de algo. Por el contrario, él es quien da a todos la vida, el aliento y todas las cosas. De un solo hombre hizo todas las naciones para que habitaran toda la tierra; y determinó los períodos de su historia y las fronteras de sus territorios. Esto lo hizo Dios para que todos lo busquen y, aunque sea a tientas, lo encuentren. En verdad, él no está lejos de ninguno de nosotros.

Hechos 17.24-27 NVI

Dios me hizo

Amado Dios, ¡pensaste en mí y planificaste mi existencia incluso antes de crear el mundo entero! Todo lo que trata sobre mí —desde mi aspecto hasta mi personalidad y mis preferencias y mis aptitudes— fue creado por ti y debería glorificarte, Señor. Cuando critico o quiero cambiar algo de mí, te ruego que me ayudes a recordar el esmero que pusiste en hacerme. Ayúdame también a recordar que después de que acabaras toda tu creación, dijiste que era buena. Te ruego que me des la capacidad de tener la misma actitud positiva cuando miro al mundo que me rodea. Amén.

Tú creaste las delicadas partes internas de mi cuerpo
y me entretejiste en el vientre de mi madre.

SALMOS 139.13 NTV

Dijo entonces Dios: «Hagamos al ser humano a nuestra imagen y semejanza para que domine sobre los peces del mar y sobre las aves del cielo; sobre los animales domésticos, sobre los animales salvajes y sobre todos los reptiles que se arrastran por el suelo». Y creó Dios al ser humano a su imagen; a imagen de Dios lo creó; hombre y mujer los creó. Y los bendijo Dios diciéndoles: «Sean fecundos y multiplíquense; llenen la tierra y sométanla; dominen sobre los peces del mar, sobre las aves del cielo y sobre todos los reptiles que se arrastran por el suelo».

GÉNESIS 1.26-28 BLPH

Y vio Dios todo lo que había hecho, y he aquí que era bueno en gran manera (adecuado, agradable). Y fue la tarde y fue la mañana: el sexto día.

GÉNESIS 1.31 LBLA

Incluso antes de haber hecho el mundo, Dios nos amó y nos eligió en Cristo para que seamos santos e intachables a sus ojos.

EFESIOS 1.4 NTV

El Dios que hizo el mundo y todo lo que hay en él
es Señor del cielo y de la tierra. No vive en templos
construidos por hombres, ni se deja servir por manos
humanas, como si necesitara de algo. Por el contrario,
él es quien da a todos la vida, el aliento y todas las
cosas. De un solo hombre hizo todas las naciones para
que habitaran toda la tierra; y determinó los períodos
de su historia y las fronteras de sus territorios. Esto
lo hizo Dios para que todos lo busquen y, aunque sea
a tientas, lo encuentren. En verdad, él no está lejos de
ninguno de nosotros.

HECHOS 17.24-27 NVI

Con todo, Dios, eres nuestro Padre. Somos el barro y tú
nuestro alfarero: todos nosotros somos hechura tuya.
No te enojes demasiado con nosotros, Oh Señor.

ISAÍAS 64.8 MSG [TRADUCCIÓN LITERAL]

El corazón humano genera muchos proyectos, pero al
final prevalecen los designios del Señor.

PROVERBIOS 19.21 NVI

Pues yo sé los planes que tengo para ustedes —dice el
SEÑOR—. Son planes para lo bueno y no para lo malo,
para darles un futuro y una esperanza.

JEREMÍAS 29.11 NTV

Mirad cuán gran amor [increíble] nos ha otorgado
(demostrado, concedido) el Padre, para que seamos [se
nos permita ser] llamados hijos de Dios; y eso somos.
Por esto el mundo no nos conoce (reconoce, admite),
porque no le conoció (reconoció, admitió) a Él.

1 JUAN 3.1 LBLA

Vengan, adoremos e inclinémonos. Arrodillémonos delante del Señor, nuestro creador.

SALMOS 95.6 NTV

Tus manos me hicieron y me formaron; hazme entender y aprenderé tus mandatos.

SALMOS 119.73 BLPH

Tus manos me formaron y me hicieron, ¿y me destruirás? Acuérdate [seriamente] ahora que me has modelado como a barro [del mismo material que la tierra, de forma exquisita y elaborada], ¿y me harás volver al polvo? ¿No me derramaste como leche, y como queso me cuajaste? ¿No me vestiste de piel y de carne, y me entretejiste con huesos y tendones? Vida y misericordia me has concedido, y tu cuidado ha guardado mi espíritu.

JOB 10.8-12 LBLA

Ahora Dios nos tiene donde quiere que estemos, con todo el tiempo en este mundo y en el otro para derramar gracia y bondad sobre nosotros en Jesucristo. La salvación es idea suya y por completa obra suya. Lo único que hacemos es confiar en él lo suficiente para dejarle hacer. ¡Es don de Dios de principio a fin! No interpretamos el papel principal. De hacerlo, probablemente nos pasearíamos jactándonos de haberlo hecho todo. No, ni nos hicimos a nosotros mismos ni nos salvamos. Dios es quien hace ambas cosas. Crea a cada uno de nosotros por medio de Jesucristo para que nos unamos a él en la obra que hace, la buena obra que tiene preparada para que nosotros la hagamos, una obra que más nos valdría hacer.

EFESIOS 2.7-10 MSG [TRADUCCIÓN LITERARIA]

Tú creaste mis entrañas, en el seno de mi madre me tejiste. Te alabo, pues me asombran tus portentos, son tus obras prodigiosas: lo sé bien. Tú nada desconocías de mí, que fui creado en lo oculto, tejido en los abismos de la tierra. Veían tus ojos cómo me formaba, en tu libro estaba todo escrito; estaban ya trazados mis días cuando aún no existía ni uno de ellos.

SALMOS 139.13-16 BLPH

El Señor cumplirá su propósito en mí; eterna, oh Señor, es tu misericordia; no abandones las obras de tus manos.

SALMOS 138.8 RVR1960

Permanezcan en mí, y yo permaneceré en ustedes. Así como ninguna rama puede dar fruto por sí misma, sino que tiene que permanecer en la vid, así tampoco ustedes pueden dar fruto si no permanecen en mí. Yo soy la vid y ustedes son las ramas. El que permanece en mí, como yo en él, dará mucho fruto; separados de mí no pueden ustedes hacer nada.

JUAN 15.4-5 NVI

Les he escrito a ustedes, que son hijos de Dios, porque conocen al Padre. Les he escrito a ustedes, los que son maduros en la fe, porque conocen a Cristo, quien existe desde el principio. Les he escrito a ustedes, los que son jóvenes en la fe, porque son fuertes; la palabra de Dios vive en sus corazones, y han ganado la batalla contra el maligno.

1 JUAN 2.14 NTV

¿Acaso no saben que su cuerpo es templo del Espíritu Santo, quien está en ustedes y al que han recibido de parte de Dios? Ustedes no son sus propios dueños; fueron comprados por un precio. Por tanto, honren con su cuerpo a Dios.

1 Corintios 6.19-20 nvi

Antes de darte forma en la matriz, lo sabía todo sobre ti. Antes de que vieras la luz del día, tuve planes santos para ti: un profeta para las naciones, eso es lo que tenía en mente para ti.

Jeremías 1.5 msg [traducción literal]

Desde lo alto, en los cielos, Dios mira en derredor y ve toda la prole de Adán. Desde donde se sienta mira a todos los moradores de la tierra. Él ha moldeado a cada persona, una tras otra; ahora observa todo lo que hacemos.

Salmos 33.13-15 msg [traducción literal]

Aclamen con júbilo al Señor, toda la tierra. Sirvan al Señor con alegría; vengan ante Él con cánticos de júbilo. Sepan que Él, el Señor, es Dios; Él nos hizo, y no nosotros a nosotros mismos; Pueblo Suyo somos y ovejas de Su prado. Entren por Sus puertas con acción de gracias, Y a Sus atrios con alabanza. Denle gracias, bendigan Su nombre. Porque el Señor es bueno; Para siempre es Su misericordia, Y Su fidelidad por todas las generaciones.

Salmos 100 nblh

Y nosotros hemos conocido y creído el amor que
Dios tiene para con nosotros. Dios es amor; y el que
permanece en amor, permanece en Dios, y Dios en él.

1 Juan 4.16 RVR1960

Dios me ofrece vida eterna

Amado Dios, resulta fácil distraerse con esta vida que vivo aquí en la tierra y en ocasiones olvido que esta no es la única vida que tendré. Tú has prometido vida eterna en el cielo contigo a todos los que la aceptamos, por medio de la muerte en la cruz de Jesús, quien hizo posible mi salvación. Ayúdame a pensar con frecuencia en mi vida eterna que está por llegar, una vida libre de inquietud, tristeza y pecado. Gracias, Padre. Amén.

El que ama su vida (alma) la pierde; y el que aborrece su vida (alma) en este mundo, la conservará para vida eterna.

JUAN 12.25 NBLH

Porque la paga del pecado es muerte, pero la dádiva de Dios es vida eterna en Cristo Jesús Señor nuestro.

ROMANOS 6.23 NBLH

De hecho, sabemos que si esta tienda de campaña en que vivimos se deshace, tenemos de Dios un edificio, una casa eterna en el cielo, no construida por manos humanas.

2 CORINTIOS 5.1 NVI

Pero permítanme revelarles un secreto maravilloso. ¡No todos moriremos, pero todos seremos transformados! Sucederá en un instante, en un abrir y cerrar de ojos, cuando se toque la trompeta final. Pues, cuando suene la trompeta, los que hayan muerto resucitarán para vivir por siempre. Y nosotros, los que estemos vivos, también seremos transformados. Pues nuestros cuerpos mortales tienen que ser transformados en cuerpos que nunca morirán; nuestros cuerpos mortales deben ser transformados en cuerpos inmortales. Entonces, cuando nuestros cuerpos mortales hayan sido transformados en cuerpos que nunca morirán, se cumplirá la siguiente Escritura: «La muerte es devorada en victoria».

1 CORINTIOS 15.51-54 NTV

En la casa de mi Padre muchas moradas hay; si así no fuera, yo os lo hubiera dicho; voy, pues, a preparar lugar para vosotros. Y si me fuere y os preparare lugar, vendré otra vez, y os tomaré a mí mismo, para que donde yo estoy, vosotros también estéis.

JUAN 14.2-3 RVR1960

Ahora me espera el premio, la corona de justicia que el Señor, el Juez justo, me dará el día de su regreso; y el premio no es solo para mí, sino para todos los que esperan con anhelo su venida.

2 TIMOTEO 4.8 NTV

Después vi un cielo nuevo y una tierra nueva, porque el primer cielo y la primera tierra habían dejado de existir, lo mismo que el mar. Vi además la ciudad santa, la nueva Jerusalén, que bajaba del cielo, procedente de Dios, preparada como una novia hermosamente vestida para su prometido.

APOCALIPSIS 21.1-2 NVI

Jesús dijo: «Pensándolo bien, beberán ustedes de mi copa. Pero en cuanto a conceder lugares de honor, no me corresponde a mí. Es mi Padre quien se ocupa de eso».

MATEO 20.23 MSG [TRADUCCIÓN LITERAL]

Ya no habrá noche; no necesitarán luz de lámpara ni de sol, porque el Señor Dios los alumbrará. Y reinarán por los siglos de los siglos.

APOCALIPSIS 22.5 NVI

Les digo la verdad: si alguien oye mis palabras y cree en el que me envió, tiene vida eterna y no será juzgado, porque ya ha pasado de la muerte a la vida.

JUAN 5.24 PDT

Pero el mundo y sus pasiones se desvanecen; sólo el que hace la voluntad de Dios permanece para siempre.

1 JUAN 2.17 BLPH

Bendito (honrado, alabado) sea el Dios y Padre de nuestro Señor Jesucristo (el Mesías), quien según su gran misericordia, nos ha hecho nacer de nuevo a una esperanza viva, mediante la resurrección de Jesucristo de entre los muertos, [nacido de nuevo] para obtener una herencia incorruptible [imperecedera], inmaculada, y que no se marchitará, reservada en los cielos para vosotros, que sois protegidos [guarnecidos] por el poder de Dios mediante [vuestra] la fe, para la salvación [hasta que heredéis por completo esa salvación final] que está preparada para ser revelada [a ustedes] en el último tiempo.

1 PEDRO 1.3-5 LBLA

Jesús le dijo: «Yo soy la resurrección y la vida. El que cree en mí, aunque muera, vivirá. Si alguien vive y cree en mí, realmente no morirá jamás. ¿Crees esto?».

JUAN 11.25-26 PDT

Pero eres terco y te niegas a arrepentirte y abandonar tu pecado, por eso vas acumulando un castigo terrible para ti mismo. Pues se acerca el día de la ira, en el cual se manifestará el justo juicio de Dios. Él juzgará a cada uno según lo que haya hecho. Dará vida eterna a los que siguen haciendo el bien, pues de esa manera demuestran que buscan la gloria, el honor y la inmortalidad que Dios ofrece.

ROMANOS 2.5-7 NTV

No trabajen para ganar la comida que se daña. Mejor trabajen para ganar la comida que se mantiene siempre en buen estado. La comida que da vida eterna es la que da el Hijo del hombre. Él es el único que tiene la aprobación de Dios Padre para darla.

JUAN 6.27 PDT

Y si el Espíritu de aquel que levantó de los muertos a Jesús mora en vosotros, el que levantó de los muertos a Cristo Jesús vivificará también vuestros cuerpos mortales por su Espíritu que mora en vosotros.

ROMANOS 8.11 RVR1960

Dado que todo lo que hay aquí puede muy bien haber desaparecido mañana, ¿entienden lo esencial que es vivir una vida santa? Aguarden cada día el Día de Dios, ávidos por su llegada. Las galaxias arderán y los elementos se derretirán ese día, pero apenas lo notaremos. Estaremos mirando en la otra dirección, preparados para los nuevos cielos y la nueva tierra prometidos, y diseñados con justicia.

2 PEDRO 3.11-13 MSG [TRADUCCIÓN LITERAL]

Los que viven solo para satisfacer los deseos de su propia naturaleza pecaminosa cosecharán, de esa naturaleza, destrucción y muerte; pero los que viven para agradar al Espíritu, del Espíritu, cosecharán vida eterna.

GÁLATAS 6.8 NTV

Así, cuando venga nuestro gran Pastor, recibirán una corona gloriosa que nunca perderá su valor.

1 PEDRO 5.4 PDT

Y muchos de los que duermen en el polvo de la tierra serán despertados, unos para vida eterna, y otros para vergüenza y confusión perpetua.

DANIEL 12.2 RVR1960

«Todo el que beba de esta agua volverá a tener sed —respondió Jesús—, pero el que beba del agua que yo le daré, no volverá a tener sed jamás, sino que dentro de él esa agua se convertirá en un manantial del que brotará vida eterna».

JUAN 4.13-14 NVI

Él ha hecho todo apropiado a su tiempo. También ha puesto la eternidad en sus corazones [el sentido de un propósito divinamente implantado a través de los siglos que nadie bajo el sol puede satisfacer, sino Dios]; sin embargo, el hombre no descubre la obra que Dios ha hecho desde el principio hasta el fin.

ECLESIASTÉS 3.11 LBLA

Precisamente por eso, Dios me ha tratado con
misericordia de manera que Cristo Jesús ha puesto
de manifiesto su generosidad conmigo antes que
con nadie, para ejemplo de quienes, creyendo en él,
alcanzarán la vida eterna. Al que es rey de los siglos,
al Dios inmortal, invisible y único, honor y gloria por
siempre y para siempre. Amén.

1 TIMOTEO 1.16-17 BLPH

Porque esto es lo que mi Padre quiere: que todo el
que vea al Hijo y crea en él tenga vida eterna, y yo lo
resucite en el día final.

JUAN 6.40 PDT

El que cree en el Hijo tiene vida eterna. En cambio, el
que lo rechaza nunca tendrá esa vida, sino que la ira de
Dios permanece sobre él.

JUAN 3.36 PDT

Pero ahora que han descubierto que no tienen que
escuchar al pecado diciéndoles qué hacer, y habiendo
descubierto el deleite de escuchar a Dios hablándole,
¡qué sorpresa! ¡Una vida completa, sana, constituida
ahora mismo, con más y más vida de camino!
Esfuércense en el pecado y su paga será la muerte.
Pero el don de Dios es vida real, eterna, entregada por
Jesús, nuestro Señor.

ROMANOS 6.22-23 MSG [TRADUCCIÓN LITERAL]

Pues le has dado a tu Hijo autoridad sobre todo ser humano. Él da vida eterna a cada uno de los que tú le has dado. Y la manera de tener vida eterna es conocerte a ti, el único Dios verdadero, y a Jesucristo, a quien tú enviaste a la tierra.

Juan 17.2-3 NTV

Entonces vino uno y le dijo: Maestro bueno, ¿qué bien haré para tener la vida eterna? Él le dijo: ¿Por qué me llamas bueno? Ninguno hay bueno sino uno: Dios. Mas si quieres entrar en la vida, guarda los mandamientos.

Mateo 19.16-17 RVR1960

Pues Dios amó tanto al mundo que dio a su único Hijo, para que todo el que crea en él no se pierda, sino que tenga vida eterna.

Juan 3.16 NTV

Por esto están delante del trono de Dios, y le sirven día y noche en su templo; y el que está sentado sobre el trono extenderá su tabernáculo sobre ellos. Ya no tendrán hambre ni sed, y el sol no caerá más sobre ellos, ni calor alguno; porque el Cordero que está en medio del trono los pastoreará, y los guiará a fuentes de aguas de vida; y Dios enjugará toda lágrima de los ojos de ellos.

Apocalipsis 7.15-17 RVR1960

Y yo les doy vida eterna; y no perecerán jamás, ni nadie las arrebatará de mi mano.

Juan 10.28 RVR1960

Ustedes examinan las Escrituras porque piensan
tener en ellas la vida eterna. ¡Y son ellas las que dan
testimonio de Mí!

JUAN 5.39 NBLH

Entonces, así como el pecado reinó sobre todos y los
llevó a la muerte, ahora reina en cambio la gracia
maravillosa de Dios, la cual nos pone en la relación
correcta con él y nos da como resultado la vida eterna
por medio de Jesucristo nuestro Señor.

ROMANOS 5.21 NTV

Pues ustedes nacieron de nuevo, no por medio de
padres mortales, sino por medio del mensaje vivo y
eterno de Dios.

1 PEDRO 1.23 PDT

Dios me protege

Amado Señor, no solo no me abandonas nunca ni me dejas, sino que siempre me proteges y me refugias en la palma de tu mano. Tú envías a tus ángeles para que me rodeen, nada puede separarme de tu protección. Aunque no pueda comprender por completo tu protección, Señor, confío en que está ahí. Recuérdame tu poder cuando dudo, Señor, y ayúdame a sentirme segura y a salvo, independientemente de lo que ocurra en mi vida. Amén.

Porque tú, SEÑOR, bendices a los justos; cual escudo los rodeas con tu buena voluntad.

SALMOS 5.12 NVI

El Señor vive, bendita sea mi roca, y ensalzado sea Dios, roca de mi salvación.

2 SAMUEL 22.47 LBLA

Me has dado tu escudo de victoria. Tu mano derecha me sostiene; tu ayuda me ha engrandecido.

SALMOS 18.35 NTV

El nombre del Señor es como una torre fortificada, a donde corre el justo para salvarse.

PROVERBIOS 18.10 PDT

Esperamos confiados en el SEÑOR; él es nuestro socorro y nuestro escudo.

SALMOS 33.20 NVI

Toda palabra de Dios es limpia; Él es escudo a los que en él esperan.

PROVERBIOS 30.5 RVR1960

Pues te protegerá con sus alas y bajo ellas hallarás refugio. Su fidelidad será tu escudo y tu muralla protectora.

SALMOS 91.4 PDT

Pero el que me obedezca vivirá tranquilo, sosegado y sin temor del mal.

PROVERBIOS 1.33 NVI

Te amo, Señor; tú me haces fuerte. Dios es el fundamento bajo mis pies, el castillo en el que vivo, mi caballero rescatador. Dios mío, la gran roca a la que corro para salvar mi vida, escondiéndome tras las piedras, a salvo en el escondite de granito.

SALMOS 18.2 MSG [TRADUCCIÓN LITERAL]

Cuando pases por aguas profundas, yo estaré contigo. Cuando pases por ríos de dificultad, no te ahogarás. Cuando pases por el fuego de la opresión, no te quemarás; las llamas no te consumirán.

ISAÍAS 43.2 NTV

Sé tú mi roca donde acudo a refugiarme pues tú diste la orden de salvarme. Tú eres mi roca, mi fortaleza.

SALMOS 71.3 PDT

Pero el SEÑOR es mi fortaleza; mi Dios es la roca poderosa donde me escondo.

SALMOS 94.22 NTV

No te alegres de mí, enemiga mía. Aunque caiga, me levantaré, aunque more en tinieblas, el Señor es mi luz. La indignación del Señor soportaré, porque he pecado contra Él, hasta que defienda mi causa y establezca mi derecho. Él me sacará a la luz, y yo veré su justicia.

MIQUEAS 7.8-9 LBLA

Estén preparados. Están luchando contra mucho más de lo que pueden manejar ustedes solos. Tomen toda la ayuda que reciban, toda arma que Dios ha emitido, para que cuando todo haya acabado, excepto los gritos, sigan estando en pie. La verdad, la justicia, la paz, la fe y la salvación son más que palabras. Aprendan cómo aplicarlas. Las necesitarán a lo largo de su vida. La Palabra de Dios es un arma indispensable. Del mismo modo, la oración es esencial en esta guerra incesante. Oren intensamente y durante mucho tiempo. Oren por sus hermanos y hermanas. Mantengan los ojos abiertos. Aliéntense los unos a los otros para que nadie caiga ni abandone.

EFESIOS 6.13-18 MSG [TRADUCCIÓN LITERAL]

Y dijo: «El Señor es mi roca, mi baluarte y mi libertador; mi Dios, mi roca en quien me refugio; mi escudo y el cuerno de mi salvación, mi altura inexpugnable y mi refugio; Salvador mío, tú me salvas de la violencia. Invoco al SEÑOR, que es digno de ser alabado, y soy salvo de mis enemigos».

2 SAMUEL 22.2-4 LBLA

El Señor es bueno; es refugio en tiempos difíciles y protector de los que acuden a él.

NAHÚM 1.7 PDT

Tú eres mi roca y mi fortaleza; por el honor de tu nombre, sácame de este peligro.

SALMOS 31.3 NTV

Dios es nuestro refugio y fortaleza [poderoso e impenetrable a la tentación], nuestro pronto auxilio en las tribulaciones. Por tanto, no temeremos aunque la tierra sufra cambios, y aunque los montes se deslicen al fondo de los mares; aunque bramen y se agiten sus aguas, aunque tiemblen los montes con creciente enojo [pausa y piensa tranquilamente en esto].

SALMOS 46.1-3 LBLA

El eterno Dios es tu refugio, y acá abajo los brazos eternos; Él echó de delante de ti al enemigo, y dijo: «Destruye».

DEUTERONOMIO 33.27 RVR1960

El Señor es un refugio para los oprimidos, un lugar seguro en tiempos difíciles.

SALMOS 9.9 NTV

Dios es nuestro amparo y fortaleza, nuestro pronto auxilio en las tribulaciones.

SALMOS 46.1 RVR1960

Porque tú confiaste en el Señor e hiciste que el Altísimo fuera tu protección. Nada malo te sucederá, no ocurrirá ningún desastre en tu casa; porque él dará orden a sus ángeles para que te protejan a dondequiera que vayas. Ellos te levantarán con sus manos para que ninguna piedra te lastime el pie.

SALMOS 91.9-12 PDT

Yo les dije esto para que encuentren paz en mí. En el mundo ustedes tendrán que sufrir, pero, ¡sean valientes! Yo he vencido al mundo.

JUAN 16.33 PDT

Muchas son las aflicciones del justo, pero de todas ellas lo libra el Señor.

SALMOS 34.19 LBLA

He aquí, el Señor DIOS vendrá con poder, y su brazo gobernará por Él. He aquí, con Él está su galardón, y delante de Él su recompensa.

ISAÍAS 40.10 LBLA

Tu reino es un reino eterno; tu dominio permanece por todas las edades. Fiel es el SEÑOR a su palabra y bondadoso en todas sus obras. El SEÑOR levanta a los caídos y sostiene a los agobiados. Los ojos de todos se posan en ti, y a su tiempo les das su alimento. Abres la mano y sacias con tus favores a todo ser viviente.

SALMOS 145.13-16 NVI

El rey dio entonces la orden, y Daniel fue arrojado al foso de los leones. Allí el rey animaba a Daniel: «¡Que tu Dios, a quien siempre sirves, se digne salvarte!». Trajeron entonces una piedra, y con ella taparon la boca del foso. El rey lo selló con su propio anillo y con el de sus nobles, para que la sentencia contra Daniel no pudiera ser cambiada. Tan pronto como amaneció, se levantó y fue al foso de los leones. Ya cerca, lleno de ansiedad gritó: «Daniel, siervo del Dios viviente, ¿pudo tu Dios, a quien siempre sirves, salvarte de los leones? ¡Que viva Su Majestad por siempre! —contestó Daniel desde el foso—. Mi Dios envió a su ángel y les cerró la boca a los leones. No me han hecho ningún daño, porque Dios bien sabe que soy inocente. ¡Tampoco he cometido nada malo contra Su Majestad!».

DANIEL 6.16-17, 19-22 NVI

Pero ahora, oh Jacob, escucha al Señor, quien te creó.
Oh Israel, el que te formó dice: «No tengas miedo,
porque he pagado tu rescate; te he llamado por tu
nombre; eres mío».

ISAÍAS 43.1 NTV

Para los hombres es imposible —aclaró Jesús,
mirándolos fijamente—, mas para Dios todo es posible.

MATEO 19.26 NVI

El Señor Todopoderoso está con nosotros. El Dios de
Jacob es nuestro refugio.

SALMOS 46.7 PDT

Tuyos son, Señor, la grandeza y el poder, la gloria,
la victoria y la majestad. Tuyo es todo cuanto hay en
el cielo y en la tierra. Tuyo también es el reino, y tú
estás por encima de todo. De ti proceden la riqueza
y el honor; tú lo gobiernas todo. En tus manos están
la fuerza y el poder, y eres tú quien engrandece y
fortalece a todos.

1 CRÓNICAS 29.11-12 NVI

En el temor del Señor hay confianza segura, y a los
hijos dará refugio.

PROVERBIOS 14.26 LBLA

Echa sobre el Señor tu carga, y Él te sustentará; Él
nunca permitirá que el justo sea sacudido.

SALMOS 55.22 LBLA

Dios piensa que soy hermosa

Padre celestial, la mayoría del tiempo no me siento tan hermosa. Evalúo mi aspecto con un ojo crítico. Y con frecuencia me comparo a otras chicas y acabo deseando ser más como ellas. Señor, ayúdame a verme —y a ver a los demás— a través de tus ojos. Tú nos diseñaste tal como somos, ¡y piensas que somos hermosas! Gracias, Padre. Ayúdame a ser Hermosa por dentro y a hallar contentamiento con mi aspecto externo, tu creación única y Hermosa. Amén.

No imiten las conductas ni las costumbres de este mundo, más bien dejen que Dios los transforme en personas nuevas al cambiarles la manera de pensar. Entonces aprenderán a conocer la voluntad de Dios para ustedes, la cual es buena, agradable y perfecta.

ROMANOS 12.2 NTV

Quiero que las mujeres entren con los hombres en humildad delante de Dios, no arreglándose delante de un espejo o persiguiendo las últimas modas, sino haciendo algo hermoso delante de Dios y siendo bellas al hacerlo.

1 TIMOTEO 2.10-12 MSG [TRADUCCIÓN LITERAL]

La mente tranquila es salud para el cuerpo, pero la envidia causa enfermedades.

PROVERBIOS 14.30 PDT

Confía en el Señor con todo tu corazón, y no te apoyes en tu propio entendimiento. Reconócele en todos tus caminos, y Él enderezará tus sendas.

PROVERBIOS 3.5-6 LBLA

Entrégale tus cargas al SEÑOR, y él cuidará de ti; no permitirá que los justos tropiecen y caigan.

SALMOS 55.22 NTV

No juzgues por su apariencia o por su estatura, porque yo lo he rechazado. El Señor no ve las cosas de la manera en que tú las ves. La gente juzga por las apariencias, pero el Señor mira el corazón.

1 SAMUEL 16.7 NTV

Todo el que pertenece a Cristo se ha convertido en una persona nueva. La vida antigua ha pasado; ¡una nueva vida ha comenzado!

2 CORINTIOS 5.17 NTV

No nos hagamos vanagloriosos, provocándonos unos a otros, envidiándonos unos a otros.

GÁLATAS 5.26 LBLA

Nadie puede entender o explicar las cosas como lo hace un sabio. Su sabiduría lo hace feliz y hace que a uno le cambie el rostro de triste a contento.

ECLESIASTÉS 8.1 PDT

No juzguéis por la apariencia (de manera superficial), sino juzgad con juicio justo.

JUAN 7.24 LBLA

Engañosa es la gracia y vana la belleza, pero la mujer que teme al Señor, ésa será alabada.

PROVERBIOS 31.30 NBLH

Que la belleza de ustedes no sea la externa, que consiste en adornos tales como peinados ostentosos, joyas de oro y vestidos lujosos. Que su belleza sea más bien la incorruptible, la que procede de lo íntimo del corazón y consiste en un espíritu suave y apacible. Ésta sí que tiene mucho valor delante de Dios. Así se adornaban en tiempos antiguos las santas mujeres que esperaban en Dios, cada una sumisa a su esposo.

1 PEDRO 3.3-5 NVI

Así es, de la misma manera que puedes identificar un árbol por su fruto, puedes identificar a la gente por sus acciones.

MATEO 7.20 NTV

Escucha, hija, fíjate bien y presta atención: Olvídate de tu pueblo y de tu familia. El rey está cautivado por tu hermosura; él es tu señor: inclínate ante él. La gente de Tiro vendrá con presentes; los ricos del pueblo buscarán tu favor.

SALMOS 45.10-12 NVI

Creó, pues, Dios al hombre a imagen suya, a imagen de Dios lo creó; varón y hembra los creó.

GÉNESIS 1.27 LBLA

Pero ahora, oh SEÑOR, Tú eres nuestro Padre, nosotros el barro, y Tú nuestro alfarero.

ISAÍAS 64.8 NBLH

Pon tu delicia en el Señor, y Él te dará las peticiones de tu corazón.

SALMOS 37.4 LBLA

Porque los que viven conforme a la carne, ponen la mente en las cosas de la carne, pero los que viven conforme al Espíritu, en las cosas del Espíritu.

ROMANOS 8.5 NBLH

¡Que el amor sea su meta más alta! Pero también deberían desear las capacidades especiales que da el Espíritu, sobre todo la capacidad de profetizar.

1 CORINTIOS 14.1 NTV

Por eso oramos constantemente por ustedes, para que nuestro Dios los considere dignos del llamamiento que les ha hecho, y por su poder perfeccione toda disposición al bien y toda obra que realicen por la fe.

2 TESALONICENSES 1.11 NVI

Según nos escogió en él antes de la fundación del mundo, para que fuésemos santos y sin mancha delante de él.

EFESIOS 1.4 RVR1960

Pero asegúrense de no quedar tan absorbidos y agotados al ocuparse de sus obligaciones cotidianas que pierdan la noción del tiempo y se duerman, ajenos a Dios. La noche casi ha terminado, y está a punto de amanecer. ¡Despierten y levántense para ver lo que Dios está haciendo! Dios le está dando los toques finales a la obra de salvación que comenzó cuando creímos por primera vez. No podemos permitirnos perder un minuto, no debemos desperdiciar esas preciosas luces del día en frivolidad y permisividad, durmiendo y en disipación, discusiones y echando mano de todo lo que está a la vista. ¡Salgan de la cama y vístanse! No se rezaguen ni se entretengan, esperando al último minuto. ¡Vístanse de Cristo y estén listos!

ROMANOS 13.11-14 MSG [TRADUCCIÓN LITERAL]

Por lo demás, hermanos, todo lo que es verdadero, todo lo honesto, todo lo justo, todo lo puro, todo lo amable, todo lo que es de buen nombre; si hay virtud alguna, si algo digno de alabanza, en esto pensad.

FILIPENSES 4.8 RVR1960

Pues somos la obra maestra de Dios. Él nos creó de nuevo en Cristo Jesús, a fin de que hagamos las cosas buenas que preparó para nosotros tiempo atrás.

EFESIOS 2.10 NTV

Dios miró todo lo que había hecho, y consideró que era muy bueno.

GÉNESIS 1.31 NVI

El Señor te guiará siempre; te saciará en tierras resecas, y fortalecerá tus huesos. Serás como jardín bien regado, como manantial cuyas aguas no se agotan.

ISAÍAS 58.11 NVI

Miren con cuánto amor nos ama nuestro Padre que nos llama sus hijos, ¡y eso es lo que somos! Pero la gente de este mundo no reconoce que somos hijos de Dios, porque no lo conocen a él.

1 JUAN 3.1 NTV

Sus vestidos están bien confeccionados y son elegantes, y ella siempre afronta el mañana con una sonrisa. Cuando habla, tiene algo loable que decir y siempre lo hace con amabilidad.

PROVERBIOS 31.25-27 MSG [TRADUCCIÓN LITERAL]

Tienen una mente perversa, terminan alejados de la verdad y piensan que la vida dedicada a Dios es una manera de ganar dinero. Es verdad que dedicarse a Dios es una manera de ganar mucho, pero en el sentido de vivir contento cada uno con lo que tiene. Cuando llegamos al mundo, no traíamos nada y cuando morimos no nos podemos llevar nada.

1 TIMOTEO 6.5-7 PDT

¿Acaso no saben que su cuerpo es templo del Espíritu Santo, quien está en ustedes y al que han recibido de parte de Dios? Ustedes no son sus propios dueños; fueron comprados por un precio. Por tanto, honren con su cuerpo a Dios.

1 CORINTIOS 6.19-20 NVI

No se dejen arrastrar por cualquier doctrina que les venga de afuera. Lo que de veras importa es que la gracia los fortalezca; en lo que se refiere a las reglas sobre alimentos, de ningún provecho han servido a quienes las han observado.

HEBREOS 13.9 BLPH

Cuando mis [angustiosas] inquietudes se multiplican dentro de mí, tus consuelos deleitan mi alma.

SALMOS 94.19 LBLA

No se preocupen ni se inquieten. En vez de ello, oren. Que las peticiones y las alabanzas moldeen sus preocupaciones en oraciones, dejando que Dios conozca sus inquietudes. Antes de que se den cuenta, sentirán cómo llega la sensación de la totalidad de Dios y te calman, cómo todo encaja para bien y te produce calma. Es maravilloso lo que ocurre cuando Cristo desplaza la preocupación del centro de tu vida.

FILIPENSES 4.6-7 MSG [TRADUCCIÓN LITERAL]

Te alabaré, porque asombrosa y maravillosamente he sido hecho; maravillosas son tus obras, y mi alma lo sabe muy bien.

SALMOS 139.14 LBLA

Por eso les digo: No se preocupen por su vida, qué comerán o beberán; ni por su cuerpo, cómo se vestirán. ¿No tiene la vida más valor que la comida, y el cuerpo más que la ropa? Fíjense en las aves del cielo: no siembran ni cosechan ni almacenan en graneros; sin embargo, el Padre celestial las alimenta. ¿No valen ustedes mucho más que ellas? ¿Quién de ustedes, por mucho que se preocupe, puede añadir una sola hora al curso de su vida? ¿Y por qué se preocupan por la ropa? Observen cómo crecen los lirios del campo. No trabajan ni hilan; sin embargo, les digo que ni siquiera Salomón, con todo su esplendor, se vestía como uno de ellos. Si así viste Dios a la hierba que hoy está en el campo y mañana es arrojada al horno, ¿no hará mucho más por ustedes, gente de poca fe? Así que no se preocupen diciendo: «¿Qué comeremos?» o «¿Qué beberemos?» o «¿Con qué nos vestiremos?». Porque los paganos andan tras todas estas cosas, y el Padre celestial sabe que ustedes las necesitan. Más bien, busquen primeramente el reino de Dios y su justicia, y todas estas cosas les serán añadidas. Por lo tanto, no se angustien por el mañana, el cual tendrá sus propios afanes. Cada día tiene ya sus problemas.

MATEO 6.25-34 NVI

La gloria de los jóvenes es su fuerza, y la honra de los ancianos, sus canas.

PROVERBIOS 20.28-30 NBLH

Sin embargo, la sabiduría que proviene del cielo es, ante todo, pura y también ama la paz; siempre es amable y dispuesta a ceder ante los demás. Está llena de compasión y del fruto de buenas acciones. No muestra favoritismo y siempre es sincera.

SANTIAGO 3.17 NTV

¡Ya se te ha declarado lo que es bueno! Ya se te ha dicho lo que de ti espera el Señor: Practicar la justicia, amar la misericordia, y humillarte ante tu Dios.

MIQUEAS 6.8 NVI

Porque el Señor se deleita en su pueblo; adornará de salvación a los afligidos.

SALMOS 149.4 LBLA

La misericordia [dejando fuera todo odio y egoísmo] y la verdad [dejando fuera toda hipocresía o falsedad deliberada] nunca se aparten de ti; átalas a tu cuello, escríbelas en la tabla de tu corazón. Así hallarás favor y buena estimación ante los ojos [o juicio] de Dios y de los hombres.

PROVERBIOS 3.3-4 LBLA

Sea lo que procede de lo íntimo del corazón, con el adorno incorruptible de un espíritu tierno y sereno, lo cual es precioso delante de Dios.

1 PEDRO 3.4 NBLH

Dios me comprende

Señor, siento que nadie me entiende. ¿Cómo podría saber alguien que no seas tú por lo que estoy pasando? Aun cuando mis amigas más cercanas no parecen entenderme, confío en que tú lo haces, Padre. Conoces cada pensamiento y deseo que cruza mi mente. Ayúdame a tener una fe completa en que siempre estás ahí y que puedes comprenderme a un nivel que nadie más en el mundo puede. Amén.

Nada hay tan engañoso como el corazón. No tiene remedio. ¿Quién puede comprenderlo? Yo, el Señor, sondeo el corazón y examino los pensamientos, para darle a cada uno según sus acciones y según el fruto de sus obras.

JEREMÍAS 17.9-10 NVI

Asimismo, a pesar de que somos débiles, el Espíritu viene en nuestra ayuda; aunque no sabemos lo que nos conviene pedir, el Espíritu intercede por nosotros de manera misteriosa.

ROMANOS 8.26 BLPH

Y tengan por seguro esto: que estoy con ustedes siempre, hasta el fin de los tiempos.

MATEO 28.20 NTV

Si a alguno de ustedes le falta sabiduría, pídasela a Dios, y él se la dará, pues Dios da a todos generosamente sin menospreciar a nadie. Pero que pida con fe, sin dudar, porque quien duda es como las olas del mar, agitadas y llevadas de un lado a otro por el viento. Quien es así no piense que va a recibir cosa alguna del Señor; es indeciso e inconstante en todo lo que hace.

SANTIAGO 1.5-8 NVI

Alegre es el que encuentra sabiduría, el que adquiere entendimiento. Pues la sabiduría da más ganancia que la plata y su paga es mejor que el oro. La sabiduría es más preciosa que los rubíes; nada de lo que desees puede compararse con ella.

PROVERBIOS 3.13-15 NTV

Tú, Señor, escuchas la petición de los indefensos, les infundes aliento y atiendes a su clamor. Tú defiendes al huérfano y al oprimido, para que el hombre, hecho de tierra, no siga ya sembrando el terror.

SALMOS 10.17-18 NVI

Porque así dijo el Alto y Sublime, el que habita la eternidad, y cuyo nombre es el Santo: Yo habito en la altura y la santidad, y con el quebrantado y humilde de espíritu, para hacer vivir el espíritu de los humildes, y para vivificar el corazón de los quebrantados.

ISAÍAS 57.15 RVR1960

Por tanto, conviértanse y vuelvan a Dios, para que sus pecados les sean borrados. Así hará venir el Señor una era de tranquilidad, y enviará de nuevo al Mesías que previamente les había destinado, es decir, a Jesús.

HECHOS 3.19-20 BLPH

El Señor es un refugio para los oprimidos, un lugar seguro en tiempos difíciles. Los que conocen tu nombre confían en ti, porque tú, oh Señor, no abandonas a los que te buscan.

SALMOS 9.9-10 NTV

Aquí están —tus siervos, tu pueblo a quien tan ponderosa e impresionantemente redimiste. Oh Señor, escúchame, oye la oración de tu siervo—, y sí, a todos tus siervos que se deleitan en honrarte y haz que tenga éxito hoy para que consiga lo que quiero del rey.

NEHEMÍAS 1.11 MSG [TRADUCCIÓN LITERAL]

Porque los montes serán quitados y las colinas temblarán, pero mi misericordia no se apartará de ti, y el pacto de mi paz no será quebrantado, dice el Señor, que tiene compasión de ti.

ISAÍAS 54.10 LBLA

Les dejo un regalo: paz en la mente y en el corazón. Y la paz que yo doy es un regalo que el mundo no puede dar. Así que no se angustien ni tengan miedo.

JUAN 14.27 NTV

Pero el Señor le dijo a Samuel: No juzgues por su apariencia o por su estatura, porque yo lo he rechazado. El Señor no ve las cosas de la manera en que tú las ves. La gente juzga por las apariencias, pero el Señor mira el corazón.

1 SAMUEL 16.7 NTV

Reconoce al Dios de tu padre, y sírvele de todo corazón y con ánimo dispuesto; porque el Señor escudriña todos los corazones, y entiende todo intento de los pensamientos. Si lo buscas, Él te dejará que lo encuentres.

1 CRÓNICAS 28.9 NBLH

¡Sea toda la alabanza al Dios y Padre de nuestro Señor, Jesús el Mesías! ¡Padre de toda misericordia! ¡Dios de todo consejo sanador! Él está junto a nosotros cuando atravesamos tiempos difíciles, y antes de que te des cuenta, trae a alguien más que está sufriendo lo mismo que tú para que también podamos estar ahí para esa persona del mismo modo que Dios estuvo allí para nosotros. Tenemos muchos momentos duros que vienen de seguir al Mesías, pero no son más que los buenos momentos de su consuelo sanador; también de eso tenemos una medida completa.

2 CORINTIOS 1.3-5 MSG [TRADUCCIÓN LITERAL]

Así que el Señor esperará a que ustedes acudan a él para mostrarles su amor y su compasión. Pues el Señor es un Dios fiel. Benditos son los que esperan su ayuda.

ISAÍAS 30.18 NTV

Amigos, cuando les lleguen pruebas y desafíos por todas partes, considérenlo un puro regalo. Saben que bajo presión su vida de fe se ve obligada a salir y muestra sus verdaderos colores. Por tanto, no intenten salir de todo prematuramente. Dejen que hagan su obra en ustedes para que maduren y se desarrollen adecuadamente y no sean deficientes en modo alguno.

SANTIAGO 1.2-4 MSG [TRADUCCIÓN LITERAL]

Estas cosas os he hablado para que en mí tengáis paz. En el mundo tendréis aflicción; pero confiad, yo he vencido al mundo.

JUAN 16.33 RVR1960

El principio de la sabiduría es el temor del Señor, y el conocimiento del Santo es inteligencia.

PROVERBIOS 9.10 LBLA

Si necesitan sabiduría, pídansela a nuestro generoso Dios, y él se la dará; no los reprenderá por pedirla.

SANTIAGO 1.5 NTV

Pero ahora, el mensaje de Dios, del Dios que primeramente te creó, Jacob, Aquél que te formó, Israel: «No temas, yo te he redimido. Te he llamado por tu nombre. Eres mío. Cuando te abrumen los problemas yo estaré allí contigo. Cuando estés en aguas turbulentas, no te hundirás. Cuando te encuentres entre la espada y la pared, no será un callejón sin salida, porque Yo soy Dios, tu Dios personal, el Santo de Israel, tu Salvador. Pagué un precio inmenso por ti... ¡Para que veas cuánto significas para mí! ¡Así te amo! Vendería el mundo entero para recuperarte, intercambiaría la creación solo por ti».

ISAÍAS 43.2 MSG [TRADUCCIÓN LITERAL]

Nosotros no hemos recibido el espíritu del mundo sino el Espíritu que procede de Dios, para que entendamos lo que por su gracia él nos ha concedido. Esto es precisamente de lo que hablamos, no con las palabras que enseña la sabiduría humana sino con las que enseña el Espíritu, de modo que expresamos verdades espirituales en términos espirituales.

1 CORINTIOS 2.12-13 NVI

El Señor te bendiga y te guarde; el Señor haga resplandecer su rostro sobre ti, y tenga de ti misericordia (bondadoso, clemente y te favorezca); el Señor alce sobre ti su rostro [de aprobación], y te dé paz (tranquilidad de corazón y de vida continuamente).

NÚMEROS 6.24-26 LBLA

Escudríñame [a conciencia], oh Dios, y conoce mi corazón; pruébame y conoce mis inquietudes. Y ve si hay en mí camino malo, y guíame en el camino eterno.

SALMOS 139.23-24 LBLA

Ustedes ante la gente aparentan ser justos, pero Dios conoce las intenciones de su corazón. Lo que la gente tiene en alta estima es despreciable para Dios.

LUCAS 16.15 PDT

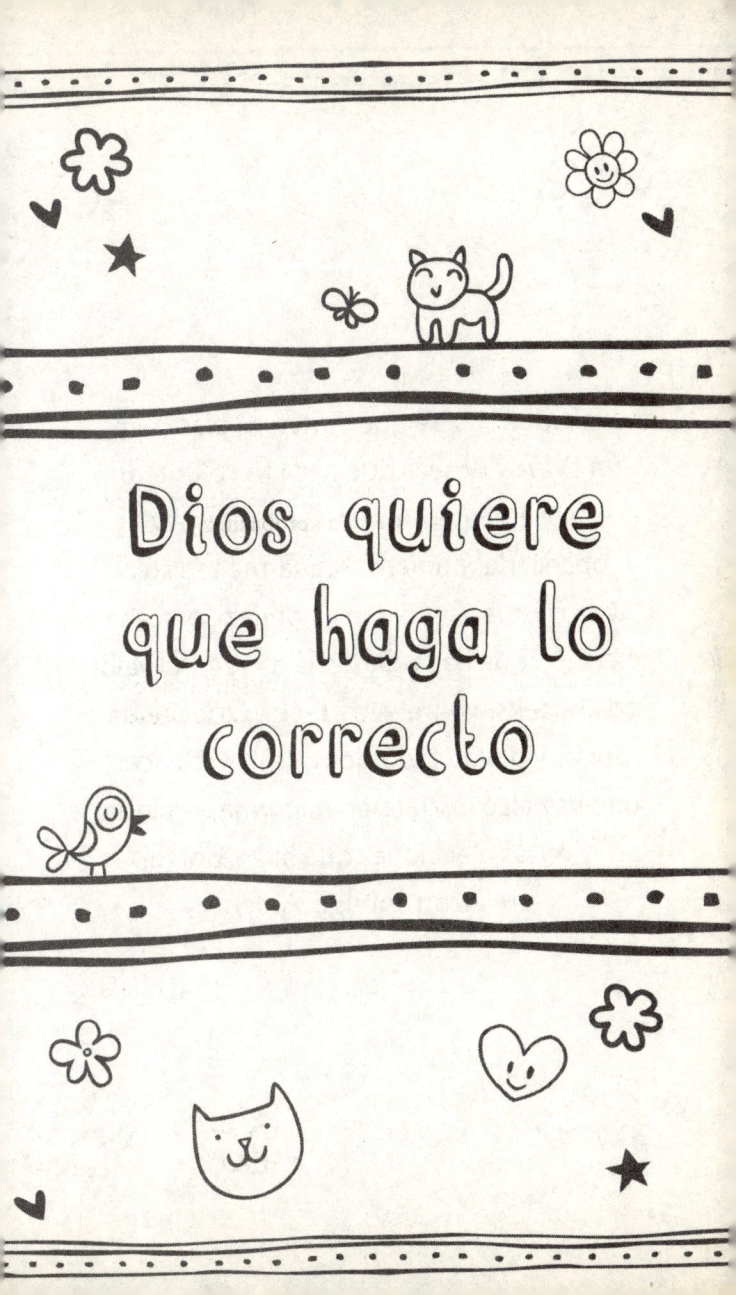

Dios quiere que haga lo correcto

Amado Dios, sé que tienes un plan para mi vida y deseas que haga tu voluntad; sin embargo, a veces soy egoísta y obcecada, y quiero agradarme tan solo a mí misma. Ayúdame a honrarte en cada elección que haga. Dame la fuerza y el valor de hacer siempre lo correcto. Que pueda ser obvio para todos los que me conocen que hay algo distinto en mi forma de actuar y en las elecciones que hago, por mi relación contigo. Amén.

«Ama al Señor tu Dios con todo tu corazón, con todo tu ser y con toda tu mente» le respondió Jesús. Éste es el primero y el más importante de los mandamientos. El segundo se parece a éste: «Ama a tu prójimo como a ti mismo». De estos dos mandamientos dependen toda la ley y los profetas.

MATEO 22.37-40 NVI

Si alguien se jacta diciendo: «Amo a Dios» y sigue adelante odiando a su hermano o hermana, sin darle importancia es un mentiroso. Si no ama a la persona a la que puede ver, ¿cómo puede amar a Dios al que no puede ver? El mandamiento que Cristo nos dio es claro: Amar a Dios incluye amar a las personas. Tienen que amar a ambos.

1 JUAN 4.20-21 MSG [TRADUCCIÓN LITERAL]

Pues todas las cosas provienen de él y existen por su poder y son para su gloria. ¡A él sea toda la gloria por siempre! Amén.

ROMANOS 11.36 NTV

El que hace una ofrenda de agradecimiento me honra; pero al que vive según mis enseñanzas le daré la salvación.

SALMOS 50.23 PDT

Si permanecen en mí y mis palabras permanecen en ustedes, pidan lo que quieran, y se les concederá. Mi Padre es glorificado cuando ustedes dan mucho fruto y muestran así que son mis discípulos.

JUAN 15.7-8 NVI

Así alumbre vuestra luz delante de los hombres, para que vean vuestras buenas obras, y glorifiquen a vuestro Padre que está en los cielos.

MATEO 5.16 RVR1960

No a nosotros, Señor, no a nosotros, sino a tu nombre da gloria, por tu misericordia, por tu fidelidad.

SALMOS 115.1 LBLA

Familias de naciones, alaben al Señor; den la gloria y el poder al Señor. Alaben el nombre del Señor; lleven ofrendas ante él. Alaben al Señor en su hermoso templo.

1 CRÓNICAS 16.28-29 PDT

Muchos consejeros traen éxito. A todo el mundo le gusta una respuesta apropiada; ¡es hermoso decir lo correcto en el momento oportuno!

PROVERBIOS 15.23 NTV

Por lo tanto, como escogidos de Dios, santos y amados, revístanse de afecto entrañable y de bondad, humildad, amabilidad y paciencia, de modo que se toleren unos a otros y se perdonen si alguno tiene queja contra otro. Así como el Señor los perdonó, perdonen también ustedes. Por encima de todo, vístanse de amor, que es el vínculo perfecto. Que gobierne en sus corazones la paz de Cristo, a la cual fueron llamados en un solo cuerpo. Y sean agradecidos.

COLOSENSES 3.12-15 NVI

No empleen un lenguaje grosero ni ofensivo. Que todo lo que digan sea bueno y útil, a fin de que sus palabras resulten de estímulo para quienes las oigan.

EFESIOS 4.29 NTV

Pero tú, oh hombre de Dios, huye de estas cosas, y sigue la justicia (una postura correcta con Dios y verdadera bondad), la piedad (que es el amoroso temor de Dios y ser como Cristo), la fe, el amor, la perseverancia (paciencia) y la amabilidad.

1 TIMOTEO 6.11 LBLA

Que Dios les dé cada vez más gracia y paz a medida que crecen en el conocimiento de Dios y de Jesús nuestro Señor. Mediante su divino poder, Dios nos ha dado todo lo que necesitamos para llevar una vida de rectitud. Todo esto lo recibimos al llegar a conocer a aquel que nos llamó por medio de su maravillosa gloria y excelencia.

2 PEDRO 1.2-3 NTV

En cuanto a ustedes, hermanos míos, yo mismo estoy también convencido de que ustedes están llenos de bondad, llenos de todo conocimiento y capaces también de amonestarse los unos a los otros.

ROMANOS 15.14 NBLH

Entonces, ya sea que coman, que beban, o que hagan cualquier otra cosa, háganlo todo para la gloria de Dios.

1 CORINTIOS 10.31 NBLH

Amigos, cuando les lleguen pruebas y desafíos por todas partes, considérenlo un puro regalo. Saben que bajo presión su vida de fe se ve obligada a salir y muestra sus verdaderos colores. Por tanto, no intenten salir de todo prematuramente. Dejen que hagan su obra en ustedes para que maduren y se desarrollen adecuadamente y no sean deficientes en modo alguno.

SANTIAGO 1.2-4 MSG [TRADUCCIÓN LITERAL]

Son bendecidos cuando ya no pueden aguantar más. Cuanto menos haya de ti más hay de Dios y de su reino. Son bendecidos cuando sientan que han perdido aquello que más querían. Solo entonces podrán ser aceptados por Aquel al que más aman. Son bendecidos cuando están satisfechos con quienes son, ni más ni menos. Ese es el momento en que descubren que son los orgullosos propietarios de todo lo que no se puede comprar. Son benditos cuando han conseguido tener apetito de Dios. Él es alimento y bebida en la mejor comida que puedan ustedes comer jamás. Son bendecidos cuando se preocupan. En el momento en que están llenos de preocupación por los demás, descubren que hay quien también se preocupa por ustedes. Son bendecidos cuando su mundo interior —su mente y su corazón— esté como es debido. Entonces podrán ver a Dios en el mundo exterior. Son bendecidos cuando pueden enseñarle a las personas a colaborar en lugar de competir o luchar. Entonces es cuando descubrirán quiénes son en realidad y su lugar en la familia de Dios. Son bendecidos cuando su compromiso con Dios provoque persecución. La persecución los lleva a mayor profundidad dentro del reino de Dios.

MATEO 5.3-10 MSG [TRADUCCIÓN LITERAL]

La persona que conoce mis mandamientos y los cumple es la que me ama. Y aquél que me ama será amado por mi Padre, y yo lo amaré y me revelaré por completo a él.

JUAN 14.21 MSG [TRADUCCIÓN LITERAL]

El Espíritu mismo da testimonio [pues] a nuestro espíritu [asegurándonos] de que somos hijos de Dios, y si [somos sus] hijos, también [sus] herederos; herederos de Dios y coherederos con Cristo [compartiendo su herencia con Él], si en verdad padecemos con Él a fin de que también seamos glorificados con Él.

ROMANOS 8.16-17 LBLA

Ustedes, por el contrario, amen a sus enemigos, háganles bien y denles prestado sin esperar nada a cambio. Así tendrán una gran recompensa y serán hijos del Altísimo, porque él es bondadoso con los ingratos y malvados.

LUCAS 6.35 NVI

Porque todos ustedes son hijos de la luz e hijos del día. No somos de la noche ni de las tinieblas.

1 TESALONICENSES 5.5 NBLH

No devuelvan mal por mal ni insulto por insulto; más bien, bendigan, porque para esto fueron llamados, para heredar una bendición.

1 PEDRO 3.9 NVI

Vigilen sus palabras y refrenen su lengua; se evitarán mucho dolor.

PROVERBIOS 21.23 MSG [TRADUCCIÓN LITERAL]

Conocemos lo que es el amor verdadero, porque Jesús entregó su vida por nosotros. De manera que nosotros también tenemos que dar la vida por nuestros hermanos.

1 Juan 3.16 NTV

Pues por precio habéis sido comprados [comprados con algo precioso y se ha pagado por ustedes, han sido hechos suyos]; por tanto, glorificad a Dios en vuestro cuerpo y en vuestro espíritu, los cuales son de Dios.

1 Corintios 6.20 LBLA

No te vengarás, ni guardarás rencor a los hijos de tu pueblo, sino que amarás a tu prójimo como a ti mismo. Yo soy el Señor.

Levítico 19.18 NBLH

El siervo del Señor no debe ser rencilloso, sino amable para con todos, apto para enseñar, sufrido. Debe reprender tiernamente a los que se oponen, por si acaso Dios les da el arrepentimiento que conduce al pleno conocimiento de la verdad.

2 Timoteo 2.24-25 NBLH

Crea en mí, oh Dios, un corazón limpio, y renueva un espíritu recto dentro de mí.

Salmos 51.10 NBLH

Esto significa que todo el que pertenece a Cristo se ha convertido en una persona nueva. La vida antigua ha pasado; ¡una nueva vida ha comenzado!

2 Corintios 5.17 NTV

Y sabemos que Dios hace que todas las cosas cooperen para el bien de quienes lo aman y son llamados según el propósito que él tiene para ellos.

ROMANOS 8.28 NTV

En cambio, la clase de fruto que el Espíritu Santo produce en nuestra vida es: amor, alegría, paz, paciencia, gentileza, bondad, fidelidad, humildad y control propio. ¡No existen leyes contra esas cosas!

GÁLATAS 5.22-23 NTV

No os conforméis a este siglo, sino transformaos por medio de la renovación de vuestro entendimiento, para que comprobéis cuál sea la buena voluntad de Dios, agradable y perfecta.

ROMANOS 12.2 RVR1960

Más bien, en todo y con mucha paciencia nos acreditamos como servidores de Dios: en sufrimientos, privaciones y angustias; en azotes, cárceles y tumultos; en trabajos pesados, desvelos y hambre. Servimos con pureza, conocimiento, constancia y bondad; en el Espíritu Santo y en amor sincero; con palabras de verdad y con el poder de Dios; con armas de justicia, tanto ofensivas como defensivas; por honra y por deshonra, por mala y por buena fama; veraces, pero tenidos por engañadores; conocidos, pero tenidos por desconocidos; como moribundos, pero aún con vida; golpeados, pero no muertos; aparentemente tristes, pero siempre alegres; pobres en apariencia, pero enriqueciendo a muchos; como si no tuviéramos nada, pero poseyéndolo todo.

2 CORINTIOS 6.4-10 NVI

Ama al SEÑOR tu Dios con todo tu corazón, con toda tu alma y con todas tus fuerzas.

DEUTERONOMIO 6.5 NTV

Así ha dicho el SEÑOR de los ejércitos: «Juicio verdadero juzguen, y misericordia y compasión practiquen cada uno con su hermano. No opriman a la viuda, al huérfano, al extranjero ni al pobre, ni tramen el mal en sus corazones unos contra otros».

ZACARÍAS 7.9-10 NBLH

Sino que así como aquel que os llamó es santo, así también sed vosotros santos en toda vuestra manera de vivir; porque escrito está: Sed santos, porque Yo soy santo.

1 PEDRO 1.15-16 LBLA

No permitas que nadie menosprecie tu juventud, sino sé ejemplo de los creyentes en palabra, conducta, amor, fe y pureza.

1 TIMOTEO 4.12 NBLH

Como tenemos estas promesas, queridos hermanos, purifiquémonos de todo lo que contamina el cuerpo y el espíritu, para completar en el temor de Dios la obra de nuestra santificación.

2 CORINTIOS 7.1 NVI

Sean, pues, aceptables ante ti mis palabras y mis pensamientos, oh SEÑOR, roca mía y redentor mío.

SALMOS 19.14 NVI

Dios quiere que lea su Palabra

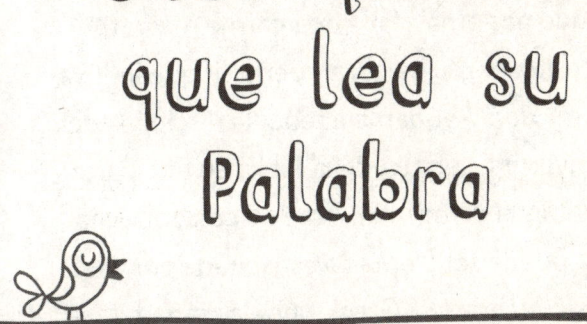

Padre, tú nos diste la Biblia como forma de conocerte mejor y como recordatorio de todas las cosas que has hecho, por lo mucho que nos amas. Para acercarme más a ti, necesito leer tu Palabra y permitir que influya en mi vida. Ayúdame a tener la disciplina de convertir la lectura de la Biblia en una parte cotidiana de mi vida. Abre mi corazón para que pueda ser alentado e inspirada por cada versículo que lea. Gracias por la verdad de tu Palabra, Señor. Amén.

En mi corazón he atesorado Tu palabra, para no pecar contra Ti.

SALMOS 119.11 NBLH

Les he escrito a ustedes, que son hijos de Dios, porque conocen al Padre. Les he escrito a ustedes, los que son maduros en la fe, porque conocen a Cristo, quien existe desde el principio. Les he escrito a ustedes, los que son jóvenes en la fe, porque son fuertes; la palabra de Dios vive en sus corazones, y han ganado la batalla contra el maligno.

1 JUAN 2.14 NTV

Escucha el consejo y acepta la corrección, para que seas sabio el resto de tus días.

PROVERBIOS 19.20 NBLH

Mas todo esto sucede, para que se cumplan las Escrituras de los profetas. Entonces todos los discípulos, dejándole, huyeron.

MATEO 26.56 RVR1960

Probada es toda palabra de Dios; Él es escudo para los que en Él se refugian.

PROVERBIOS 30.5 NBLH

Lo mismo sucede con mi palabra. La envío y siempre produce fruto; logrará todo lo que yo quiero, y prosperará en todos los lugares donde yo la envíe.

ISAÍAS 55.11 NTV

Procurando saber qué persona o tiempo indicaba el Espíritu de Cristo dentro de ellos, al predecir los sufrimientos de Cristo y las glorias que seguirían. A ellos les fue revelado que no se servían a sí mismos, sino a ustedes, en estas cosas que ahora les han sido anunciadas mediante los que les predicaron el evangelio (les anunciaron las buenas nuevas) por el Espíritu Santo enviado del cielo; cosas a las cuales los ángeles anhelan mirar.

1 PEDRO 1.11-12 NBLH

La Palabra fue primero, la Palabra estuvo presente con Dios, Dios presente con la Palabra. La Palabra era Dios, listo para Dios desde el primer día.

JUAN 1.1-2 MSG [TRADUCCIÓN LITERAL]

Para siempre, oh Señor, tu palabra está firme en los cielos.

SALMOS 119.89 NBLH

Porque todo lo que fue escrito en tiempos pasados, para nuestra enseñanza se escribió, a fin de que por medio de [nuestra constancia y perseverancia] la paciencia y del consuelo [sacados] de las Escrituras tengamos esperanza.

ROMANOS 15.4 LBLA

Pero Jesús les respondió: «Están equivocados por no comprender las Escrituras ni el poder de Dios».

MATEO 22.29 NBLH

Por último, fortalézcanse con el gran poder del Señor. Pónganse toda la armadura de Dios para que puedan hacer frente a las artimañas del diablo. Porque nuestra lucha no es contra seres humanos, sino contra poderes, contra autoridades, contra potestades que dominan este mundo de tinieblas, contra fuerzas espirituales malignas en las regiones celestiales. Por lo tanto, pónganse toda la armadura de Dios, para que cuando llegue el día malo puedan resistir hasta el fin con firmeza. Manténganse firmes, ceñidos con el cinturón de la verdad, protegidos por la coraza de justicia, y calzados con la disposición de proclamar el evangelio de la paz. Además de todo esto, tomen el escudo de la fe, con el cual pueden apagar todas las flechas encendidas del maligno. Tomen el casco de la salvación y la espada del Espíritu, que es la palabra de Dios.

EFESIOS 6.10-17 NVI

Recuerden las palabras que los santos profetas pronunciaron en el pasado, y el mandamiento que dio nuestro Señor y Salvador por medio de los apóstoles.

2 PEDRO 3.2 NVI

Dios, habiendo hablado hace mucho tiempo, en muchas ocasiones y de muchas maneras a los padres por los profetas, en estos últimos días nos ha hablado por Su Hijo, a quien constituyó heredero de todas las cosas, por medio de quien hizo también el universo.

HEBREOS 1.1-2 NBLH

Que la palabra de Cristo habite en abundancia en ustedes, con toda sabiduría enseñándose y amonestándose unos a otros con salmos, himnos y canciones espirituales, cantando a Dios con acción de gracias en sus corazones.

COLOSENSES 3.16 NBLH

Tu palabra es una lámpara a mis pies; es una luz en mi sendero.

SALMOS 119.105 NVI

Pero ante todo sepan esto, que ninguna profecía de la Escritura es *asunto* de interpretación personal, pues ninguna profecía fue dada jamás por un acto de voluntad humana, sino que hombres inspirados por el Espíritu Santo hablaron de parte de Dios.

2 PEDRO 1.20-21 NBLH

Al encontrarme con tus palabras, yo las devoraba; ellas eran mi gozo y la alegría de mi corazón, porque yo llevo tu nombre, Señor, Dios Todopoderoso.

JEREMÍAS 15.16 NVI

Pues la palabra de Dios es viva y poderosa. Es más cortante que cualquier espada de dos filos; penetra entre el alma y el espíritu, entre la articulación y la médula del hueso. Deja al descubierto nuestros pensamientos y deseos más íntimos.

HEBREOS 4.12 NTV

No hay nada como la Palabra escrita de Dios para mostrarles el camino a la salvación por medio de la fe en Jesucristo. Cada parte de las Escrituras es inspirada por Dios y útil de un modo u otro: mostrándonos la verdad, exponiendo nuestra rebeldía, corrigiendo nuestros errores, entrenándonos para vivir la vida a la manera de Dios. Por medio de la Palabra somos reunidos y moldeados para las tareas que Dios tiene para nosotros.

2 TIMOTEO 3.15-17 MSG [TRADUCCIÓN LITERAL]

Desead (tened sed, un deseo ferviente) como niños recién nacidos, la leche pura (no adulterada) de la palabra, para que por ella crezcáis para salvación [completa].

1 PEDRO 2.2 LBLA

Grabad, pues, estas mis palabras en vuestro corazón [y mente] y en [toda] vuestra alma; atadlas como una señal a vuestra mano, y serán por insignias entre vuestros ojos. Y enseñadlas a vuestros hijos, hablando de ellas cuando te sientes en tu casa y cuando andes por el camino, cuando te acuestes y cuando te levantes.

DEUTERONOMIO 11.18-19 LBLA

Buscad al Señor mientras puede ser hallado, llamadle en tanto que está cerca.

ISAÍAS 55.6 LBLA

Lo único que le pido al Señor —lo que más anhelo— es vivir en la casa del Señor todos los días de mi vida, deleitándome en la perfección del SEÑOR y meditando dentro de su templo.

SALMOS 27.4 NTV

Porque sabemos que la Ley es espiritual, pero yo soy carnal, vendido a la esclavitud del pecado. Porque lo que hago, no lo entiendo. Porque no practico lo que quiero hacer, sino que lo que aborrezco, eso hago. Y si lo que no quiero hacer, eso hago, estoy de acuerdo con la Ley, reconociendo que es buena. Así que ya no soy yo el que lo hace, sino el pecado que habita en mí. Porque yo sé que en mí, es decir, en mi carne, no habita nada bueno. Porque el querer está presente en mí, pero el hacer el bien, no. Pues no hago el bien que deseo, sino el mal que no quiero, eso practico.

ROMANOS 7.14-19 NBLH

Mi corazón te ha oído decir: «Ven y conversa conmigo». Y mi corazón responde: «Aquí vengo, Señor».

SALMOS 27.8 NTV

Este libro de la ley no se apartará de tu boca, sino que meditarás en él día y noche, para que cuides de hacer todo lo que en él está escrito; porque entonces harás prosperar tu camino y tendrás éxito.

JOSUÉ 1.8 LBLA

¡Cuán bienaventurado (feliz, afortunado, próspero y envidiable) es el hombre que no anda en el consejo de los impíos [siguiendo su consejo, sus planes y sus propósitos], ni se detiene [sumiso e inactivo] en el camino de los pecadores, ni se sienta en la silla de los escarnecedores [y los burladores], sino que en la ley del Señor está su deleite, y en su ley medita (reflexiona y estudia) de día y de noche! Será como árbol firmemente plantado [y cuidado] junto a corrientes de agua, que da su fruto a su tiempo, y su hoja no se marchita; en todo lo que hace, prospera [y llega a la madurez].

SALMOS 1.1-3 LBLA

Ahora bien, hay diversidad de dones, pero el Espíritu es el mismo. Hay diversidad de ministerios, pero el Señor es el mismo.

1 CORINTIOS 12.4-5 NBLH

¿Quién es el hombre que teme al Señor? Será instruido en el mejor de los caminos. Tendrá una vida placentera, y sus descendientes heredarán la tierra. El Señor brinda su amistad a quienes le honran, y les da a conocer su pacto.

SALMOS 25.12-14 NVI

Por lo tanto, amados hermanos, les ruego que entreguen su cuerpo a Dios por todo lo que él ha hecho a favor de ustedes. Que sea un sacrificio vivo y santo, la clase de sacrificio que a él le agrada. Esa es la verdadera forma de adorarlo. No imiten las conductas ni las costumbres de este mundo, más bien dejen que Dios los transforme en personas nuevas al cambiarles la manera de pensar. Entonces aprenderán a conocer la voluntad de Dios para ustedes, la cual es buena, agradable y perfecta.

ROMANOS 12.1-2 NTV

Oren también por mí para que, cuando hable, Dios me dé las palabras para dar a conocer con valor el misterio del evangelio, por el cual soy embajador en cadenas. Oren para que lo proclame valerosamente, como debo hacerlo.

EFESIOS 6.19-20 NVI

En Dios alabaré su palabra; en Dios he confiado; no temeré; ¿qué puede hacerme el hombre?

SALMOS 56.4 RVR1960